KB057635

캐나다

CANADA

캐나다

C A N A D A

다이앤 르미유, 줄리아나 츠베트코바 지음 ┃ **심태은** 옮김

세계의 **풍습과 문화**가
궁금한 이들을 위한
필수 안내서

시그마북스
Sigma Books

세계 문화 여행 _ 캐나다

발행일 2023년 11월 6일 초판 1쇄 발행
지은이 다이앤 르미유, 줄리아나 츠베트코바
옮긴이 심태은
발행인 강학경
발행처 시그마북스
마케팅 정제용
에디터 윤원진, 최연정, 최윤정, 양수진
디자인 김은경, 김문배, 강경희

등록번호 제10-965호
주소 서울특별시 영등포구 양평로 22길 21 선유도코오롱디지털타워 A402호
전자우편 sigmabooks@spress.co.kr
홈페이지 http://www.sigmabooks.co.kr
전화 (02) 2062-5288~9
팩시밀리 (02) 323-4197
ISBN 979-11-6862-179-4 (04900)
      978-89-8445-911-3 (세트)

CULTURE SMART! CANADA

Cover image: *Train passing through the Bow River valley against the backdrop of the Rockies.* © Shutterstock by Tomas Kulaja.
Shutterstock: pages 14 by Martin M303; 40 by Chariya Neu; 82 by Christopher O'Donnell; 94 by Fiona M. Donnelly; 97 by BYUNGSUK KO; 101 by Eric Buermeyer; 109 by Bing Wen; 114 by Cive Chilvers; 115 (top) by steve estvanik; 115 (bottom) by Malachi Jacobs; 120 by fokke baarssen; 123 by David Buzzard; 130 by Anne Richard; 134 by Raphael Rivest; 137 by Denis Kabanov; 138 by P Piixel Thing; 141 by izikMD; 152 by Mr.Nikon; 153 by IVY PHOTOS; 158, 166 by GROGL; 162 by EB Adventure Photography; 172 by Sylvie Bouchard; 174 by Alina Reynbakh; 178 by Sun_Shine; 190 by Vadim Rodnev; 191 by Shawn.ccf; 195 by Andres Garcia Martin; 198 by Sean Xu; 199 by i viewfinder; 208 by Denis Pepin; 224 by Cagkan Sayin; 233 by Eli Unger; 238 by PhotographerIncognito.
Unsplash: pages 16 by Erik Mclean; 17 by Venti Views; 18 by Bruno Soares; 53 by Tandem X Visuals; 60 by Lewis Parsons; 76 by Vincent JIANG; 167 by Priscilla Du Preez; 170 by Sean Robertson@knuknuk; 188 by Andy Holmes.
Creative Commons Attribution-Share Alike 4.0 International license: pages 37 © Canadian Museum of History.

캐나다 전도

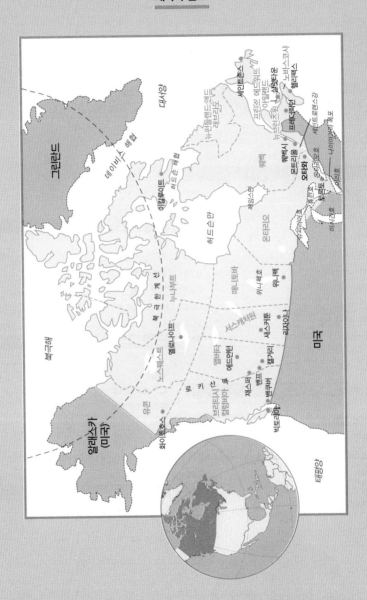

차   례

캐나다는 국제 평화유지 활동, 숨 막히게 아름다운 자연경관, 겸손하고 절제된 성품의 국민으로 오랫동안 국제 사회에서 긍정적인 이미지를 유지하고 있다. 이렇게 엄청난 국가에서 프랑스어를 사용하는 지역이 독립하고 싶어 한다는 점은 대부분 외국인이 의아해하는 부분이다. 그 외에도, 사람들은 캐나다인이 남쪽에 이웃한 미국인보다 훨씬 겸손하기는 하지만 문화적으로 서로 비슷하다고 여긴다.

그러나 캐나다는 전 세계의 언론을 통해 바라보는 것보다 훨씬 복잡한 사회이다. 지난 수십 년간, 캐나다의 다문화성이 더욱더 심화했다. 영토에 비해 적은 인구가 광활한 지역에 흩어져 살고 있고, 이는 캐나다인이 서로 의사소통하는 방식에 영향을 미친다. 정치, 경제적으로도 매우 분권화되어 있어서 캐나다에서는 주 간의 교역량보다 다른 국가와의 교역량이 훨씬 더 많을 정도로 비즈니스 방식도 영향을 받았다.

캐나다는 세계에서 부유한 국가 중 하나이며, 경제 대국이자 삶의 질도 가장 높은 편에 속한다. 캐나다인은 자국에 대한 자부심이 강하지만, 최근 10년간 일어난 여러 사건으로 국민적 정체성과 국제적 명성에 의문을 제기하게 되었다. 기후변화, 코로나19 팬데믹, 원주민 인구 처우, 백신 접종을 반대하는 '자유 수호대'의 처리 문제, 2021년의 엄청난 자연재해 등은 21세기 캐나다 사회의 형성에 큰 영향을 미친 사건이었다.

이 책에서는 캐나다 지리, 역사, 정치를 개괄적으로 살펴보고, 캐나다인, 가치, 사고방식, 일상생활 방식 등을 설명한다. 또한 캐나다인이 여가를 보내는 방법과 친구를 사귀는 방법도 다룬다. 캐나다 국내 여행을 살펴본 장도 있고, 재계에서 활동하려면 알아야 할 지식(미팅 시 지켜야 할 구체적인 에티켓, 캐나다인의 협상 방식 등)이 필요한 사람을 위해 관련 내용을 설명한 장도 있다.

분량상 캐나다의 풍부한 문화적 다양성을 모두 다루지는 못할 것이다. 그러나 캐나다인의 복잡한 정서를 이해하도록 하여 여러분이 캐나다를 방문할 때 경험할 수 있는 반응, 감정, 사건에 대비할 수 있게 하고자 한다. 캐나다인은 개방적이고 친절하며 느긋한 호스트로, 여러분의 캐나다 여행을 보람 있게 만들어 줄 것이다. 또한 캐나다 문화에 관해 어느 정도 깊게 알고 있음을 내비친다면 더욱더 환영할 것이다.

기 본 정 보

공식 명칭	캐나다	
수도	오타와	온타리오주
주요 도시	빅토리아, 밴쿠버, 캘거리, 에드먼턴, 리자이나, 위니펙, 토론토, 퀘벡시, 몬트리올, 프레더릭턴, 핼리팩스, 샬럿타운, 세인트존스, 화이트호스, 옐로나이프, 이칼루이트	
면적	998만 4,670제곱킬로미터(대한민국의 약 45.2배)	10개 주와 3개 준주로 구성
지형	전국적으로 매우 다양함. 툰드라, 평야, 산악지대, 삼림지대, 호수와 강 등이 있음	
기후	대륙성 기후: 겨울에는 춥고 여름에는 더움	지역별로 보면 북부는 춥고 서부 해안은 습하고 온난하며 동부 해안은 눈이 많이 내림
통화	캐나다 달러	CAD 또는 Can$
인구	약 3870만 명	
민족 구성	유럽인 약 73%, 프랑스계 13.6%, 원주민 4.9%	나머지는 전 세계에서 이주한 인구. 인구의 약 21.5%가 외국 출신
언어	공식 언어는 영어와 프랑스어. 2개 이상 언어 구사자 18%	영어 구사자가 약 75%이고 프랑스어 구사자가 21.4%. 보고된 토착 언어 수는 200개에 달함
종교	기독교 약 63.2%, 무교 26.3%	불교, 힌두교, 유대교, 무슬림, 시크교 등 10.5%
정부	입헌군주제, 영국 왕실과 연계되어 있음	양원제(연방/지역). 연방 정부는 총리를 수반으로 함

언론매체	전국 공영 방송사로 CBC, SRC, CTV, Global TV가 있음. 일부 상업 방송사, 지역 방송사가 있으며 케이블 및 위성 TV도 대부분 지역에서 이용 가능	전국구 신문:「글로브 앤드 메일」, 「내셔널 포스트」(영어);「프레스」, 「드브아」(프랑스어). 이 외에 주별, 시별 신문도 많음
전압	120V, 60Hz	
경제	고도의 혼합 시장 경제	주요 수출품: 원유, 자동차, 금, 목재, 석탄, 비료, 밀, 알루미늄
인터넷 도메인	.ca	
전화	국가번호 1	주별로 3자리 지역번호가 있음. 캐나다 외부로 전화 시 011을 누르면 됨
시간대	캐나다 전역에서 6개 시간대 사용(동쪽에서 서쪽 순으로 나열): 　뉴펀들랜드 표준시: 그리니치 표준시보다 3시간 반 빠름(한국보다 11시간 30분 느림) 　대서양 표준시: 그리니치 표준시보다 4시간 빠름(한국보다 12시간 느림) 　동부 표준시: 그리니치 표준시보다 5시간 빠름(한국보다 13시간 느림) 　중부 표준시: 그리니치 표준시보다 6시간 빠름(한국보다 14시간 느림) 　산악 표준시: 그리니치 표준시보다 7시간 빠름(한국보다 15시간 느림) 　태평양 표준시: 그리니치 표준시보다 8시간 빠름(한국보다 16시간 느림)	

01

영토와 국민

캐나다는 연방 민주제 역사가 세계에서 두 번째로 오래된 국가이다. 또한 이민자 비율이 매우 높아 끊임없이 인구 구성에 영향을 미칠 정도로 사회의 다문화성이 높은 나라 중 하나이다. 캐나다의 역사와 지리는 캐나다인의 삶과 사고방식에 깊은 영향을 주었다.

캐나다는 연방 민주제 역사가 세계에서 두 번째로 오래된 국가이다. 또한 이민자 비율이 매우 높아 끊임없이 인구 구성에 영향을 미칠 정도로 사회의 다문화성이 높은 나라 중 하나이다. 캐나다의 역사와 지리는 캐나다인의 삶과 사고방식에 깊은 영향을 주었다.

A mari usque ad mare

(바다에서 바다까지)

캐나다의 모토

지형

캐나다인의 정서는 광활한 영토와 극단적인 기후의 영향을 많이 받았다. 캐나다는 총면적이 러시아 다음으로 큰 나라이다. 그리고 호주 다음으로 인구 밀도가 낮다. 캐나다 영토는 동쪽이 대서양에, 서쪽이 태평양에 접하고 있으며, 6개의 시간대를 사용한다. 북쪽에는 북극해가 있고, 남쪽으로는 미국과 국경을 맞대고 있으며, 국경의 길이는 9,000킬로미터에 달한다. 동

뉴펀들랜드주의 역사적인 도시 세인트존스 항구 초입에 있는 시그널힐의 경사면에 위치한 포대

쪽 해안에서 서쪽 해안까지 광활한 삼림, 경이로운 산악지대, 평원, 수천 개의 호수와 강이 펼쳐져 있다. 또한 캐나다는 전 세계에서 담수량이 가장 많은 국가이다.

【 6개 지역(지리적 구분) 】

동부 해안은 애팔래치아 지역이라고 하며, 뉴펀들랜드 앤드 래브라도주, 프린스 에드워드 아일랜드주, 뉴브런즈윅주, 노바스코샤주, 세인트로렌스강 남부의 퀘벡주 일부(가스페 반도라고도

장엄한 나이아가라 폭포. 나이아가라강 협곡을 가로지르는 레인보우 브리지가 캐나다와 미국을 연결한다.

함)를 포함한다. 이 지역에는 숲과 언덕이 많아 인구가 적다.

여기서 서쪽으로 가면 오대호와 세인트로렌스 저지대 지역이 있으며, 행정 구역상으로 온타리오주와 퀘벡주의 남부에 해당한다. 이 지역에 캐나다 인구 절반 이상이 살고 있으며, 중요한 농업과 제조업 중심지이다. 또한 캐나다의 대도시가 대부분 이곳에 몰려있다. 나이아가라 폭포와 오대호가 있으며, 오대호는 지구 지표수 중 20%를 머금고 있는 세계 최대의 담수호이다.

캐나다 쪽 로키산맥의 장엄한 에메랄드호(브리티시컬럼비아주 요호 국립공원)

서쪽으로 더 가면 내륙 평원(또는 대평원)이 있다. 매니토바주, 서스캐처원주, 앨버타주가 이 지역에 포함된다. 광활한 평야인 만큼, 이 지역은 캐나다의 밀 곡창지대이며 석유와 천연가스 매장량이 풍부하다.

네 번째 지역은 웨스턴 코르디예라로 불리며, 앨버타주와 브리티시컬럼비아주, 유콘준주까지 이어진다. 이 지역에서는 로키산맥이 최고의 절경을 자랑하며 사계절 내내 자연과 스포츠를 사랑하는 관광객의 발길을 이끈다.

북쪽에는 캐나다 순상지와 북극해 제도가 있다. 캐나다 순상지는 퀘벡주, 온타리오주, 매니토바주 북부에 이르며, 울창한 숲과 호수, 강이 있는 야생의 오지이다. 툰드라로 알려진 북극해 지역은 춥고 건조한 기후 탓에 나무가 자라지 않으며, 영구 동토층(연중 얼어있는 땅)이 있는 곳이다.

기후

캐나다가 항상 춥다는 것은 잘못된 정보이다. 캐나다에서 날씨에 관한 대화를 즐기는 것은 사실 캐나다 날씨가 계절별로 (그리고 날마다) 다양하기 때문이다. 예측할 수 없고 유별나며, 때로는 극단적이기도 하고, '적당한' 날씨가 없는 곳이 바로 캐나다이다.

크게 보면 캐나다에서 가장 기온이 높은 곳은 미국과 국경을 맞댄 남부 지역이다. 덕분에 캐나다 인구 대부분이 이쪽에 거주한다. 동부에서 서부까지를 살펴보면, 동부는 겨울에 눈이 가장 많이 내리고 여름에도 매우 선선하다. 대초원은 캐나다에서도 가장 추운 곳이다. 브리티시컬럼비아주의 여름과 겨울 기온은 가장 온화하지만, 습도와 강우량이 가장 높다.

계절에 따라 시각적, 정서적인 측면뿐 아니라 입는 옷도 달라져 늘 새롭고 변화하는 느낌을 주는 것이 캐나다 기후의 장점이라 하겠다.

전체적으로 여름에는 기온이 올라가고 쾌적한 편이다. 가장 기온이 높은 곳은 브리티시컬럼비아주 남부 지역(예를 들면 밴쿠버)과 온타리오주 남부이다. 매년 30°C 정도의 더운 날씨가 몇 주간 이어진다. 습도가 높아 후텁지근하고 끈끈한 느낌을 주는 토론토에서는 다소 불쾌할 수 있다. 그래도 저녁때면 대체로 선선해져서 외출하려면 따뜻한 스웨터를 챙겨야 한다.

단풍잎이 곱게 물들어 교외 지역, 특히 세인트로렌스 동부 지역을 화가의 천국으로 만드는 가을은 캐나다의 사계절 중에서도 가장 아름답다. 대기에는 청량감이 감돌고 긴 겨울을 보낼 준비를 하느라 바빠지는 시기이다.

캐나다의 겨울은 길고, 북쪽으로 갈수록 겨울이 더 길고 추우며 어두워진다. 가장 남쪽에 있는 지방에서도 겨울 기온은 0°C 아래를 밑돈다. 옐로나이프의 겨울철 평균 기온은 영하 28°C이고 토론토는 영하 7°C이다. 매해 겨울에 영하 18°C를 밑도는 한파가 일주일 이상 지속된다. 토론토 동부의 강설

• 캐나다 겨울 관련 어휘 살펴보기 •

- 눈보라: 폭설과 함께 강풍이 불고 시야가 좋지 않으며 기온이 영하 10℃ 이하인 날씨

- 얼음 폭풍: 진눈깨비가 내려 도로, 나무, 전선 등 모든 곳이 얇은 얼음층으로 덮이고 기온이 약 0℃인 날씨

- 일시적 한파: 18시간 이내에 기온이 25℃ 정도 급강하하는 날씨. 외출 시 피부와 코, 입을 꼭 가리라는 경고가 TV와 라디오에서 방송됨

- 치누크 바람: 겨울에 로키산맥에서 대평원으로 부는 따뜻하고 건조한 서풍. 15분 만에 기온이 20℃로 높아질 수 있음

- 스노 타이어 또는 사계절 레이디얼 타이어: 특별 설계된 타이어로, 캐나다 겨울철 도로의 '필수품'

- 트랙션 매트: 자동차 바퀴가 눈에 빠져 움직이지 않을 때 바퀴 밑에 깔아 움직이도록 하는 매트

- 덧신 장화 또는 고무: 겨울철 도로의 눈과 염분으로부터 가죽 재질의 신발을 보호하는 고무로 된 덧신

- 스키두(Skidoo) 부츠: 내피가 장착되어 있고, 외부는 플라스틱 재질로 만들어진 부츠. 디자인이 전부 동일하며, 투박한 데다 신기 어렵지만, 모든 캐나다 어린이가 착용하는 부츠

- 튀크(스키 캡): 귀를 따뜻하게 덮는 니트 소재 모자

량은 특히 높아서 자동차 운전자에게는 악몽과도 같지만, 야외 스포츠를 즐기는 사람에게는 천국이다.

길고 긴 겨울이 끝나고 찾아오는 봄은 습하고 진흙투성이지만, 자연이 새롭게 탈바꿈하는 모습은 모두의 기분을 들뜨게 만든다.

국민

약 3870만 명의 캐나다인이 약 1000만 제곱킬로미터의 영토에 살지만, 그렇다고 모든 지역에 골고루 퍼져 사는 것은 아니다. 인구의 81%가 도심지에 살고, 75% 이상이 미국과의 국경에서 160킬로미터 이내 지역에 거주한다. 뉴펀들랜드주 세인트존스에 사는 사람은 밴쿠버에 사는 사람과 5,045킬로미터 떨어져 있는데, 이는 런던과 테헤란 간의 거리(4,406킬로미터)보다도 훨씬 멀다.

또한 '문화적 기원'에 따른 다양성도 있다. 캐나다 원주민(전체 인구의 4.9%)에는 퍼스트 네이션, 메티스, 이누이트족이 포함된다. 프랑스인과 영국인이 농업이나 농촌의 광산업에 종사하기 위해 건너오면서 유럽인의 이주가 시작되었다. 19세기 후반에는 동유럽과 중국을 시작으로 이민 행렬이 이어졌다. 2차 세계 대전이 끝난 후에 제조업, 인프라, 건설 부문의 수요가 늘자 이민은 폭발적으로 증가했다. 오늘날 캐나다의 인구당 이민자 비율은 전 세계에서도 상

누나부트준주 퀴킥탈루크 지역의 이누이트족 모자

위권으로, 250개 이상의 민족 집단이 캐나다 인구를 구성하고 있다. 캐나다인 5분의 1은 외국 출신이다.

[언어와 정체성]

캐나다에서 쓰이는 두 가지 공식 언어는 영어와 프랑스어이다. 북부의 3개 준주에서는 토착어도 공식적으로 인정되고 있다.

2021년 인구통계조사에 따르면, 영어 사용자(모국어가 영어)는 인구의 75%, 프랑스어 사용자(모국어가 프랑스어)는 21.4%로 집계

되었다. 나머지는 앨로폰^{Allophone}으로, 모국어로 영어나 프랑스어를 사용하지 않는다.

공식 언어는 2개이지만, 두 언어를 다 구사하는 캐나다인은 인구의 약 18%이다(프랑스어 사용자가 영어를 할 줄 아는 비율이 그 반대 경우보다 높다). 최초의 캐나다 공식 언어법은 1969년에 통과되었으며, 이에 따라 정부 기관에서 연방 서비스를 제공할 때 두 가지 언어를 모두 사용해야 한다. 뉴브런즈윅주는 공공 서비스까지 두 언어로 모두 제공되는 유일한 공식 이중언어 사용 주다. 캐나다의 모든 제품 표시 사항이 두 언어로 되어있다는 것은 사실이다(연방법에 따른 조치). 많은 캐나다인은 가장 효과적인 이중언어 학습법이 아침 식사 시간에 시리얼 박스의 표시 사항을 읽는 것이었다고 말한다.

그러나 영어나 프랑스어 이외의 언어를 구사하는 경우도 점점 늘고 있다. 2021년 인구통계조사에 따르면 모국어로 보고된 언어가 200가지가 넘는다. 11개 토착어 그룹에 65가지가 넘는 지역별 언어와 방언이 있다. 그러나 언어 다양성의 가장 큰 원천은 이민이다. 중국어는 캐나다에서 전체 인구 중 약 3%가 사용하는 3대 모국어로 등극했다. 이 외에도 많이 쓰이는 언어 그룹에는 인도-이란어, 슬라브어, 로맨스어 등이 있다.

크리어, 이누이트어, 오지브와어는 토착어 중에서도 가장 많이 쓰이는 언어이다.

역사

캐나다는 문화적 구성이 아직 진화 중인 비교적 젊은 국가이다. 캐나다의 발달은 크게 이민, 천연자원 개발, 남쪽에 이웃한 미국이라는 훨씬 큰 국가의 그늘 아래서의 정체성 형성으로 나눠볼 수 있다.

【 선주민 】

캐나다에 처음으로 이주한 사람들은 1,500여 년 전에 아시아에서 베링 해협을 건너왔다. 이들이 캐나다의 광활한 영토 곳곳에서 자리를 잡으면서, 여러 개의 언어군, 정교한 관습과 가치, 종교, 법, 정부 형태가 점차 발달했다. 퍼스트 네이션 주민은 협상과 전투를 통해 역사, 정치적 관계를 맺었고, 부유하고 복합적인 세계를 형성했다. 그리고 유럽인이 캐나다에 발을 내디뎠다.

파운드메이커라고도 알려진 플레인스 크리의 피흐토카하나피위인 추장과 그의 부인(1884년)

바이킹 탐험가 레이프 에릭슨이 서기 1000년쯤에 캐나다 동부 해안가에 도착하여 정착촌을 건설했다가 버리고 떠났다. 그렇지만 유럽 백인의 영향이 실제로 미치기 시작한 것은 영국의 헨리 7세의 명을 따른 이탈리아 탐험가 존 캐벗이 1497년에 캐나다를 '발견'하면서부터였다. 이 시기에 스페인, 프랑스, 영국, 이탈리아는 캐나다라는 '신세계'에서 자신의 지배권을 확대하기 위해 각축전을 벌였다. 1534년에 프랑수아 1세의 명령으로 항해 중이던 자크 카르티에가 세인트로렌스만에 도달했고, 이 인근을 프랑스령으로 선포했다.

유럽인이 처음으로 당도한 동부 캐나다에서는 질병이 퍼져 마을이 통째로 없어질 정도였다. 그러나 모피 교역이 성장하면서 백인과 캐나다 선주민은 대체로 평화로운 관계를 유지했다.

모피 교역의 주도권을 놓고 영국과 프랑스가 벌이던 경쟁은 이로쿼이족과 앨곤퀸족의 해묵은 갈등과 겹쳐져 영국이 지지하는 이로쿼이족과 프랑스 및 휴론-앨곤퀸족 연합 간의 전쟁으로 이어졌다.

캐나다 내 유럽인 정착촌 건설 역사는 다른 미주 국가보다 덜 폭력적이었지만, 식민 영토의 확장으로 결국 선주민의 전통적인 생활 방식은 끝을 맺었다. 1876년 인디언법은 퍼스트 네이션 공동체에 식민 통치 체제를 실시하여 연방 정부에 관리 권한을 주었다. 1982년이 되어서야 헌법에서 선주민의 자치 정부 권리를 인정했다. 이는 1995년부터 자치 정부 협약에 관한 협상으로 이어졌다. 오늘날까지 25개 자치 정부 협약에 43개의 선주민 공동체가 서명했으며, 현재 50개가 넘는 협약이 아직 협상 중이다.

【 식민지 】

1608년에 프랑스의 탐험가 사뮈엘 드 샹플랭이 이로쿼이족 마을인 스타다코나에 유럽인의 영구 정착촌을 건설했으며, 이곳이 후에 퀘벡시가 되었다. 프랑스가 식민지 확장에 나선 것은 모피 교역에서 독점적 지위를 갖기 위함이었다. 또한 신자를 늘리겠다는 로마 가톨릭 교회의 전도에 대한 열의에서도 비롯되었다.

캐나다 최초의 농경 정착촌은 지금의 노바스코샤주가 되었다. 이렇게 정착한 프랑스인은 아카디아 사람이라고도 알려졌는데, 오랫동안 퀘벡 정착민과 떨어져 살았기 때문에 독립적인 프랑스어권 정체성을 형성했고, 이는 오늘날에도 강하게 나타난다.

1600년대 후반부가 되어서야 프랑스 정부는 캐나다 남부에 영국이 건설한 행정 구조와 비슷하게 합리적이고 효과적인 현지 정부가 프랑스 식민지에 필요하다는 점을 깨달았다.

이 시기에 영국은 허드슨 베이 컴퍼니를 설립했다. 프랑스인인 라디송과 그로세이예르는 북부 내륙의 모피 교역으로 돈을 벌 수 있다고 생각했다. 이들은 교역 네트워크를 건설하기 위한 자원을 요청했지만, 프랑스 금융가들은 이를 거부했고, 결국 두 사람은 경쟁국인 영국에 손을 내밀었다. 1670년 5월

• 알고 계셨나요? •

허드슨 베이 컴퍼니는 전 세계에서 가장 오래된 상기업이다. 전성기에는 세계 최대의 민간 토지 보유 기업이기도 했으며, 수 세기 동안 영국이 관리하는 캐나다 영토에서 사실상 정부의 역할을 했다. 이때 형성된 교역소 네트워크는 오늘날 서부 캐나다 대부분 도시와 마을의 근간을 형성했다.

• 캐나다에서 공식적으로 인정하는 선주민 •

캐나다 선주민은 세 그룹으로 분류한다. 이 통계에는 자기 정체성이 세 그룹 중 하나라고 스스로 밝힌 사람의 수가 반영되어 있다.

- 캐나다 최북단에 거주하는 이누이트족. '에스키모'라는 이름은 이들의 요청에 따라 이제는 사용하지 않는다. 인구는 6만 5,025명으로 추산된다.
- 현재의 매니토바주 지역에 거주하는 프랑스 모피 교역상과 선주민 여성의 자손인 메티스. 이들은 프랑스어와 크리어가 혼합된 언어인 미치프어를 사용한다. 메티스는 독자적인 문화를 형성하고 있으며, 자신들을 하나의 국가라고 본다. 현재 인구수는 약 58만 7,545명으로 집계된다.
- 기타 캐나다의 모든 선주민 부족을 포함하는 '퍼스트 네이션' 인구는 약 97만 7,230명으로 집계된다.

선주민으로 자기 정체성을 밝힌 인구는 총 167만 명이 넘으며, 전체 캐나다 인구의 4.9%를 차지한다.

칙허로 허드슨만 분수령의 땅이 '허드슨만에서 교역하는 영국 총독과 탐험가의 회사'에 하사되었다. 허드슨 베이 컴퍼니는 제임스만과 허드슨만에 요새와 교역소를 짓고 점차 서쪽으로 확대하여 캐나다 북부와 중부에 걸친 광활한 대지를 관리했다.

1745년에 영국군이 뉴잉글랜드에서 올라와 노바스코샤주 루이스버그 요새를 점령하면서 프랑스어를 사용하는 수많은 아카디아 인구가 영국의 통치하에 놓이게 되었다. 영국은 승리한 지 10년이 지나자 1만 2,000명이 넘는 아카디아 사람을 이 지역에서 내쫓았고, 이는 일명 '대축출'이라는 사건으로 알려졌다. 8년간 영국은 아카디아 사람들을 여기저기 뿔뿔이 흩어놓았고, 수많은 이산가족과 사망자가 발생했다. 약 4,000명 정도가 미국 루이지애나주에 정착했고, 이들이 케이준Cajun이라고 불리게 되었다. 많은 이들은 캐나다의 대서양 연안 주들로 돌아왔고, 여기서 아카디아 인구가 번성했다.

1759년은 캐나다에서 프랑스와 영국 간 권력 균형에 있어 결정적인 해였다. 퀘벡시 바깥의 아브라함 평원에서 몽칼름 장군의 프랑스군과 울프 장군의 영국군이 전투를 벌인 것이다. 몽칼름 장군의 패배로 퀘벡주와 세인트로렌스에 대한 프랑스의 통치권 상실이 기정사실화되었다. 4년 사이 동부 캐나다 지역 전체가 그레이트브리튼에 양도되었다.

미국에서 독립 전쟁을 향한 긴장감이 고조되면서, 영국은

「울프 장군의 죽음」(벤저민 웨스트, 1770년)

캐나다 식민지의 안정을 추구하고 프랑스계 캐나다인 사이에서 영국 왕실에 대한 충성도를 높이고자 했다. 1774년 퀘벡법을 제정하여 퀘벡주에 사는 프랑스어 사용 인구의 요구를 해소했다. 이 법으로 프랑스계 캐나다인은 로마 가톨릭 종교 활동의 자유를 얻었으며 프랑스어와 프랑스 민법을 그대로 사용할 수 있었다. 또한 영지(프랑스어로 seigneuries)라는 준봉건적 토지 소유제도를 인정했다. 단, 선출된 의원으로 구성된 의회는 없이 영국 왕실에서 임명한 주지사와 의회가 퀘벡주를 운영했다. 법에 명시된 정치 독립은 제한적이었으나, 퀘벡법은 캐나다라는 국가의 발달에 중요한 전환점이었다. 프랑스 국민과 영국 국민의 문화적 차이를 인정했기 때문이다. 이는 이전 시기와는 확연히 다른 것이었다.

영지 소유제도에 따라 퀘벡주 토지는 프랑스 왕의 소유였으며, 영주(프랑스어로 seigneur)가 관리했다. 이 제도는 이후 100여 년 정도 더 유지되었으며 1854년에 공식적으로 폐지되었다. 다만 마지막 봉건 영지 채권을 주 채권으로 되사들이기까지, 20세기에도 일부 제도가 살아있었다.

미국 독립 후 수많은 국왕파가 캐나다로 넘어왔다. 특히 세인트로렌스강 남부에 정착했는데, 이 지역을 이스턴 타운십이라고 부른다. 그들은 독립 전쟁 당시 영국 왕실을 위해 싸웠으나 모든 것을 잃었으니 토지 소유권이 있다고 주장했다. 그러나

모호크 지도자 타이엔다네기('조지프 브랜트')의 초상화(조지 롬니, 1776년)

퀘벡법에 따르면 영지 소유제도 때문에 이들에게는 토지 소유 권한이 없었다. 영국은 미국에서 그랬던 것처럼 캐나다의 통치권을 잃고 싶지 않았고, 캐나다 전국에서 들리는 국왕파의 요구를 진지하게 받아들였다.

1791년 헌법에 따라 퀘벡주는 어퍼캐나다(온타리오)와 퀘벡(로어캐나다)으로 나뉘었다. 각 지역은 종신제 상원과 주민이 선출한 하원이 통치했다. 그러나 실질적으로는 영국 정부가 임명한 주지사와 상임 고문이 권력을 갖고 있었다. 1837년에 존 조지 램턴 더럼 백작은 「영국령 북미 문제에 관한 보고서」를 제출했다. 보고서에서는 퀘벡주가 하나의 입법부 아래 통합되고 자치권이 인정되면 영국 왕실에 더 충성할 것이라는 제안이 담겼다. 이 제안은 1840년 통합법으로 실현되었다.

이 시기에 서부에서는 미국과 영국 간에 소규모 전투가 계속되었다. 영국과 프랑스 제1 제정 간의 전투 중에 영국이 미국 해역을 침범한 것을 둘러싸고 벌어진 1812년 전쟁(미국-영국 전쟁이라고도 함-옮긴이)은 무승부로 끝났다. 이 전쟁은 캐나다와 미국 사이에 벌어진 마지막 전쟁으로, 겐트에서 진행된 지지부진한 협상 끝에 1814년에 현 상태를 회복하고 현재의 국경을 수립하기로 했다.

미국과의 평화. 「겐트조약 서명, 1814년 크리스마스이브」(아메데 포레스티에, 1914년)

【 혁명이 아닌 권력 이양을 통한 국가의 탄생 】

1867년 헌법(이전 명칭: 영국령 북미법)에 따라 캐나다 자치령(온타리오주, 퀘벡주, 노바스코샤주, 뉴브런즈윅주로 구성)이 수립되었다. 1774년 퀘벡법에 따른 합의 사항이 폐기된 것은 아니지만, 헌법에 따라 모든 캐나다의 주 정부가 오늘날까지 유지되고 있는 입법부 체제로 전환되었다(자세한 내용은 정부 구조 부분을 참조). 1년 뒤 루퍼츠랜드법에 따라 허드슨 베이 컴퍼니 소유의 막대한 영토가 캐나다 연방으로 이양되었다. 이 광활한 지역은 나중에 매니토바주와 노스웨스트준주로 나뉘었다.

대륙횡단 철도가 개통되면서 캐나다 서부는 1885년이 되어서야 나머지 지역과 물리적으로 연결되었다. 1912년에는 뉴펀들랜드 앤드 래브라도주(1949년 가입)를 제외한 모든 주와 준주가 캐나다 연방에 가입했다. 마지막 영토 변경이 일어난 것은 1992년으로, 당시 노스웨스트준주에서는 투표를 통해 부족 구분에 따라 지역을 분할했다. 그 결과 노스웨스트준주의 데네 지역과 북동부의 누나부트준주 이누이트 지역으로 나뉘었다.

【 20세기 】

20세기 초반에 처음으로 캐나다에 유럽 인구가 대규모로 이주(영국 제도, 러시아, 동유럽 출신이 대다수이고 이 외에도 다른 국가 출신이 소수 있음)해 온 것은 1차 세계 대전이 있기 전이었다. 덕분에 인구가 서부 지역에서 특히 증가했으며, 문화도 더욱 다양해졌다. 캐나다는 세계 대전에서 자동으로 영국 편에 섰고, 프랑스계 캐나다 국민과 심한 의견 충돌 끝에 의무 징병제를 실시했다. 1931년에 웨스트민스터 헌장에 따라 영연방에서 자치 국가로서 캐나다의 독립이 인정되었다.

1930년대 대공황은 캐나다인에게 큰 타격을 주었다. 수만

1911년 이전에 세워진 이주민 집 내부의 환등 슬라이드

명이 정부 지원이나 자선에 의존하면서 사회적 혼란과 경기 침체가 이어졌다. 정부가 통화 정책을 규제하기 위해 캐나다 은행을 설립하고 신용제도와 지원 프로그램 같은 사회적 조치를 도입하는 등 경제 통제권을 더 많이 행사함에 따라 정부의 역할과 규모는 점점 더 커졌다. 1930년대에 일어난 여러 사건은 현존하는 캐나다 복지제도 수립에 핵심적인 역할을 했다.

2차 세계 대전 중에 캐나다 의회는 적극적인 참전을 승인했다. 참전 결정으로 캐나다 경제가 살아났다. 제조업 부문 발

징병 포스터(헨리 에블리, 1942년)

달이 촉진되었으며, 캐나다는 국제 교역 관계에서 위상을 수립하게 되었다. 레스터 B. 피어슨 전 총리는 최초의 국제연합UN 평화유지군을 창설하여 수에즈 운하를 둘러싼 전쟁 위기를 막아낸 공로로 1957년 노벨 평화상을 수상했다. 그리고 베트남 전쟁(1964~1973년)에 불참을 선언하면서 국제 중재와 평화유지에서 캐나다의 위상이 더욱 높아졌다. 전후 시기에는 캐나다에 또 한 번 대규모로 유럽 이민자가 들어왔으며, 전국적으로 번영도가 높아졌다.

20세기 후반에는 '조용한 혁명'이 퀘벡주를 휩쓸었다. 퀘벡주의 프랑스어 사용 인구의 사회경제적 지위는 다른 지역과 큰 차이가 있었다. 가톨릭 교회는 퀘벡주에서 상당한 영향력을 행사하며 대부분의 학교를 운영하고, 농업 지원 정책과 반기업 정책을 펼쳤다. 그런데 1960년대부터 프랑스계 캐나다인 사회는 급속히 세속화되었다. 교회 출석률이 급격히 하락했고,

공교육과 사회복지 체계에 막대한 투자가 이루어지면서 퀘벡주 주민이 퀘벡주의 경제 개발에 더 많이 참여하게 되었다.

정부

캐나다는 입헌군주국이다. 순전히 명목상이기는 하지만, 영국 왕이 캐나다 왕이다. 캐나다에서 영국 왕을 대리하는 것은 캐나다 총독이며, 총독은 캐나다 총리의 권고로 영국 왕이 임명한다.

【 연방(국가) 정부 】

캐나다 정부는 국가수반(왕), 선출직 하원, 임명직 상원으로 구성된다. 상원은 입법된 법안을 검토하는 기능을 하지만, 보통은 하원에서 입법한 법안을 그대로 통과시킨다. 따라서 거의 유명무실한 상원을 개혁해야 한다는 의견이 대부분이며, 일부는 아예 폐지하거나 선출직으로 바꿔야 한다고 생각한다.

실질적인 권력은 308석의 캐나다 하원에 있다. 캐나다 국민은 총리를 직접 선출하지 않는다. 각 '라이딩'(선거구) 주민은 그 지역의 하원 의원을 뽑는다. 득표수가 가장 많은 후보가 당선

오타와에 있는 캐나다 의회

된다(과반수 득표할 필요 없음). 그리고 가장 많은 의석수를 확보한 당의 대표가 총리로 임명된다. 총리(1993년에 총리가 된 킴 캠벨이 최초이자 현재까지 유일한 여성 총리이다)는 보통 하원으로 선출된 자기 당 소속 의원으로 내각을 구성한다. 보통 정부는 4년에 한 번 선거로 구성되지만, 임기가 5년 차까지 연장될 수 있다. 그러나 현실에서는 선거 시행 권한이 총리에게만 있어서 캐나다 국민은 이보다 훨씬 짧은 기간에 다시 선거를 치르게 된다. 또한 정부 예산안과 같이 정부 신임 문제가 불거지면 하원의 표결로 정부가 해산될 수 있다.

2022년 기준 캐나다 하원에 입성한 정당은 보수당, 자유당, 신민주당, 퀘벡 블록, 녹색당 등이다. 이 중 보수당과 자유당만이 정부를 구성할 만큼의 표를 얻었다. 권력은 주 당국에 분산되어 있다.

연방 정부 담당 업무	
국방	형법
고용보험	우편
인구통계	수산업 관리
무역 규제	외교
은행업 및 연방 조세	운송, 철도, 통신 및 송유관
시민권	선주민 영토 및 권리

주 정부 담당 업무	
재산 및 공민권	사법행정
천연자원 및 환경	교육
보건의료	복지

주 및 준주	
캐나다 연방의 수도는 온타리오주의 오타와이다.	
10개 주(서부에서 동부 순)	
주	**주도**
브리티시컬럼비아	빅토리아
앨버타	에드먼턴
서스캐처원	리자이나
매니토바	위니펙
온타리오	토론토
퀘벡	퀘벡시
뉴브런즈윅	프레더릭턴
노바스코샤	핼리팩스
프린스 에드워드 아일랜드	샬럿타운
뉴펀들랜드 앤드 래브라도	세인트존스
3개 준주	
유콘	화이트호스
노스웨스트	옐로나이프
누나부트	이칼루이트

【주 및 준주】

연방 정부 다음으로 주 및 준주 정부가 있다. 구조는 연방 체계와 비슷하고, 총독을 대리하는 부총독이 있다. 선거는 4년 또는 5년마다 치러지고, 가장 득표를 많이 한 정당이 주나 준주 주지사를 맡는다. 그리고 상원은 없다.

　연방 정부와 주 정부 간 균형을 유지하는 핵심 요소 중 하나는 연방 정부가 주와 준주에 지급하는 '교부금'이다. 여기에는 두 가지 유형이 있다. 형평화 교부금은 세수 기반이 적은 가난한 지역을 보조할 목적으로 지급된다. 이는 캐나다 전국적으로 생활 수준의 균형을 맞추기 위한 것이다. 사업 교부금은 보건의료 교부금과 사회 교부금(고등 교육, 사회 보조, 아동 복지 등 포함)으로 나뉜다. 이런 교부금은 연방 정부가 중요하다고 여기며 주 정부에 관할권이 없는 사업을 지원하는 것이 목적이다. 주 정부로서는 연방 정부가 교부금에 주 정부를 압박할 단서를 붙일 수 있다는 점에서 문제가 된다.

【 권력 균형 】

캐나다 정치의 묘미는 연방 정부와 주/준주 입법부 간의 권력 싸움에서 나온다. 넓게 보면 연방 정부는 국방, 외교, 시민권 등 캐나다 국민 전체에 영향을 미치는 문제를 관장한다. 주 정부는 교육, 보건의료, 도로 등을 담당한다. 어떤 부문은 양쪽에서 같이 관리한다. 예를 들면, 환경부가 연방 정부와 주 정부에 모두 있고, 통신과 교통도 함께 관리하는 식이다.

• 퀘벡주 독립운동 •

캐나다 국가 수립 초창기부터 프랑스어를 사용하고 가톨릭교를 믿는 퀘벡주 주민과 대체로 영어를 사용하고 개신교를 믿는 나머지 캐나다 인구 사이에는 긴장이 있었다.

주권 연합 지지자(분리주의자라고도 함)는 퀘벡주 정부가 주의 사회, 정치, 경제적 이해를 가장 잘 보장하기 위한 헌법적 권력을 가지고 있지 않다고 생각한다. 독립주의 정서는 나머지 캐나다 국민의 분노를 불러일으켰으며, 다른 국가에서도 불신을 초래했다.

1967년 당시 프랑스 대통령이던 드골 장군은 몬트리올 세계박람회에 참가하면서 퀘벡주를 방문했다. 시청 발코니에서 한 연설을 통해 그는 "자유로운 퀘벡이여 영원하라!"(프랑스어로 "Vive le Québec Libre!")라고 말하며 이제 막 태동하던 정치적 민족주의에 기름을 끼얹었다. 1970년에 퀘벡해방전선(FLQ)이 피에르 라포르테 퀘벡주 부지사를 납치하여 살해하는 사건이 발생했다. 당시 캐나다 총리였던 피에르 트뤼도는 퀘벡주에 계엄령을 선포하고 분리주의 지지자를 구속했다. 이 사건은 이후 '10월 위기'로 알려졌다. 나머지 캐나다 국민은 정부의 조치에 좋은 점수를 주었지만, 퀘벡주에서는 분리독립 정서를 더 부채질하기만 했다.

1976년에 르네 레베크가 이끄는 분리주의 주 정부가 들어섰다. 그는 1980년에 퀘벡주 분리독립에 관한 주민투표를 시행했고, 과반수의 주민이 분리독립에 반대했다. 1995년에도 유사한 주민투표가 시행되었다. 이번에도 부결되기는 했으나, 표차는 주 인구의 1%도 채 되지 않을 정도였다.

1987년과 1992년 헌법 협상이 있고 난 뒤, 21세기 들어 분리주의 정서는 '분리독립 피로'로 얼룩지게 되었다. 많은 사람이 캐나다 연방 내에서 퀘벡주의 상태를 아직 해결되지 않은 문제로 인식하지만, 2020년 설문조사(주민투표 시행 25년 뒤 진행)에서 오늘날 주민투표를 한다면 퀘벡주 인구 36%만이 캐나다 연방에서 나가는 것에 '찬성'하리라는 결과가 나왔다. 이를 보면 캐나다 정부 형태에서 캐나다 역사상 그 어느 때보다 퀘벡주가 고유한 정체성과 위상에 자신감을 느끼고 있다고 말할 수 있겠다.

1982년에 캐나다법에 따라 헌법 수정권이 영국 정부에서 캐나다 정부로 '이양'되어 캐나다 정부에서 헌법을 개정할 권한을 갖게 되었다. 또한 이 법에서는 헌법에 인권 및 자유 헌장을 추가하여 주 사이의 재정 형평화를 성문화하고 천연자원에 관한 주 정부 관할권을 확대했다. 최초의 캐나다 11개 주 중에서 새 헌법을 비준한 것은 10개 주뿐이었다. 퀘벡주는 새 헌법을 비준하지 않았는데, 그 이유는 퀘벡주의 '특수성'

을 공식적으로 인정받지 못했기 때문이다. 격렬한 협상 과정은 주 정부와 연방 정부 간, 그리고 각 주 정부 간의 신뢰를 좀먹었다.

1987년에 브라이언 멀로니 당시 총리는 주지사들과 헌법 개정안을 협상했다. 일명 미치호 협정이 통과되면 특정 영역에서 주 정부의 권한이 확대되고, 중요하게는 퀘벡주의 '특수성'을 인정하게 될 것이었다. 이 협정이 발효되려면 3년 안에 모든 주와 연방 정부가 동의해야 했다. 격렬한 협상이 오간 끝에 반퀘벡 정서를 표출하며 2개 주(뉴펀들랜드 앤드 래브라도주, 매니토바주)가 비준을 거부했다.

1992년에 헌법을 개정하기 위한 두 번째 시도로 샬럿타운 협정이 제출되었다. 여기에는 연방 정부와 주 정부 관할권 간 권력 분배를 둘러싼 해묵은 갈등을 해결하려는 내용이 담겼다. 이 협정은 국민투표에 부쳐졌으며 결국 부결되었다. 오늘날 연방 정부와 주 정부 사이의 입법 권한과 책임 분배는 1867년 헌법에 명시된 그대로 유지되어 법적 토론과 정치적 갈등이 계속되고 있다.

캐나다 대초원의 건초 더미. 앨버타주, 서스캐처원주, 매니토바주는 주요 곡창지대이다.

경제

캐나다는 세계에서 경제 규모가 아홉 번째로 크며, 경제 자유
수준이 상당히 높고 가장 부유한 국가로 손꼽힌다. 캐나다 시
장 경제는 전국에 안전망을 제공하는 사회보장제도와 전 국민
건강보험제도로 조절된다. 그렇지만 가장 최근 통계에 따르면
캐나다 인구의 6.4%가 빈곤층이다.

캐나다는 2008년 부채 위기를 잘 넘겼으며, 2020년 초(코로
나19 팬데믹 발생 전)에는 재정도 탄탄하고 G7 국가 중에서 GDP

나이아가라 폭포에 있는 애덤벡 종합발전소의 수력발전 모습

대비 순부채율이 가장 낮았으며, 캐나다 역사상 대출 금리도 가장 낮았다. 2015년부터 감소하기 시작한 소득 불평등은 팬데믹 지원 사업으로 더욱 큰 폭으로 감소했다.

현대 캐나다의 경제에서는 서비스업이 주를 이루며, 인구 75% 정도가 서비스업에 종사한다. 온타리오주에서 특히 발달한 제조업 규모도 상당하다. 그러나 캐나다가 선진국 중에서도 독특한 이유는 캐나다 수출의 60% 가까이 차지하는 천연 자원 부문의 중요성 때문이다. 주요 산업은 벌목업, 농업, 광업 및 어업과 수산업이다. 또한 세계 3대 밀 수출국이며 아연과 우라늄 주요 산지이다.

캐나다는 동부와 서부에 풍부한 유전과 천연가스 매장지, 일부 주(특히 퀘벡주)의 풍족한 수력발전 덕분에 에너지를 순수 출하는 나라이다. 에너지 부분은 캐나다 전체 GDP의 약 10%를 차지하며, 전체 수출의 20%가 넘는다.

캐나다 경제는 무역에 상당히 많이 의존하기 때문에 물가가 시장 변동성에 취약하다. 2020년 팬데믹으로 경제가 위축(-5.2%)되었지만, GDP 성장률은 2021년에 5.7%를 달성했고, 실업률은 7.5%(2020년의 9.6%에서 감소)였다. 2022년에 캐나다는 우크라이나 전쟁의 영향, 팬데믹으로 인한 비용, 각종 자연재해(산불 및 홍수)로 고군분투하고 있다.

국경을 길게 맞대고 있는 점을 생각하면, 캐나다와 미국이 서로의 최대 교역 상대국인 것은 당연하다. 1989년 자유무역협정과 1994년 북미자유무역협정NAFTA(멕시코 포함), 2020년 NAFTA가 개정된 미국-멕시코-캐나다 협정 등으로 양국 교역량은 급격히 증가했다. 2022년 기준 캐나다와 미국 간 상품과 서비스 하루 교역량은 20억 미국 달러에 달한다.

【 지역주의 】

캐나다를 찾는 많은 방문객이 놀라는 점은 바로 캐나다에서 일상적으로 겪는 국내(주별) 교역 장벽 수준이다. 각 주/준주에서는 주 경계선을 넘어 주류를 살 수 없다. 또한 주/준주에 따라 기술적, 분야별 규제가 다를 수 있다(예: 차량 무게 기준). 게다가 규제 및 행정 규칙으로 관료주의적 장애물이 생긴다. 이런 장벽의 수준은 캐나다 주/준주 사이보다 유럽연합EU 회원국 사이가 훨씬 낮을 정도이다.

또 다른 예로는 근로자의 이동성에 영향을 미치는 비관세 장벽이다. 교사, 의사, 간호사, 공학자, 건축가, 전기 기술자, 배관공, 차량 정비공 등 특정 직군/업계의 경우, 거주 요건, 자격증/인증 요건(한 주/준주에서만 인정됨)이 있거나 기준이 서로 달라 다른 주/준주에서 일하기 어렵고, 일하게 되더라도 이를 조율하는 데 시간이나 비용이 많이 든다.

2017년 캐나다자유무역협정은 국내 교역 관계를 강화하고 현대화할 목적으로 도입되었다. 국내 교역은 현재 전체 캐나다 GDP에 20% 정도만 기여하는 것으로 나타난다.

사법 체계

캐나다 사법부는 여느 선진국의 사법부와 비슷하다. 독립적인 기구로, 헌법에 반하는 법을 폐지할 권한이 있다. 캐나다 대법원은 최고법원이자 최후의 중재 기구이다.

특이한 점은 한 국가에 2개의 사법 체계가 공식적으로 존재한다는 것이다. 관습법은 거의 모든 캐나다 주에 적용되지만, 프랑스 민법이 적용되는 퀘벡주에는 적용되지 않는다.

사법 집행 기관은 주 정부 관할이지만, 캐나다 경찰행정 대부분은 캐나다 기마경찰대^{RCMP}가 수행한다. RCMP는 연방 경찰로, 캐나다 전국에 적용되는 법을 집행한다. 그러나 모든 준주와 대부분 주의 농촌 지역에서는 RCMP에 경찰행정을 맡기는 편이다. 자치 단체의 경찰도 RCMP와 제휴한 경우가 있다. 온타리오주 경찰, 퀘벡주 경찰, 왕립 뉴펀들랜드 경찰대 등이 독립적인 주 경찰이다.

세계 속 캐나다

캐나다는 UN 인간개발지수 등 세계 여러 국가를 비교하는 지표에서 상당히 좋은 점수를 받는 편이다. 캐나다는 UN과 북대서양조약기구NATO의 창립회원국이고 미주기구OAS 회원국이며, UN과 NATO 사령부가 승인한 군사 작전에 참여한다. 경제력으로 보면, 경제협력개발기구OECD와 G7 회원국이다.

트뤼도 총리는 진보적인 가치를 선두에서 수호하는 국가를 만들고자 했고, 이 때문에 반대파는 총리의 '워크니스wokeness'(과한 진보적 가치와 정체성을 강요한다고 부정적으로 표현하는 말–옮긴이)를 비난했다. 트뤼도 총리는 2015년에 첫 임기를 시작할 때부터 내각의 성비를 동수(여성 15명, 남성 15명)로 만들고자 했고, 캐나다 인구 구성을 더욱더 잘 반영하도록 다양한 대표성을 확보하려 했다. 2016년에 캐나다 정부는 조력 자살을 합법화했다. 그리고 2018년에는 전국적으로 대마초를 기소 대상에서 제외하여 전 세계에서 두 번째로 오락용 대마초 사용을 합법화한 국가가 되었다. 이후 대마초가 캐나다 경제에 기여한 규모는 400억 캐나다 달러가 넘으며, 15만 개 이상의 일자리가 생겼다.

그러나 최근 캐나다는 다른 이유로 세계의 이목을 끌고 있다. 2021년 5월, 이전에 기숙 학교로 쓰이던 곳에서 선주민 아동 200명이 묘비도 없이 매장된 사실이 처음으로 보도되었다. 캐나다 전국에 선주민 문화와 언어를 말살할 목적으로 설립하여 교회가 운영하고 정부에서 기금을 제공한 기관에서 이런 사실이 밝혀진

주 기금을 받은 시설에서 사망한 선주민 아동을 추모하기 위한 서스캐처원주 리자이나의 추모 공간

것은 처음이었다. 이미 2015년 보고서에 학생 4,000명 이상이 1870년대부터 1996년까지 존재했던 이런 학교에서 사망했다는 내용이 있었지만, 실제 유해 발굴 사실로 캐나다 국민과 전 세계가 충격에 빠졌다. 캐나다 총리는 그것이 "매우 유해한" 정책이었음을 시인하며 사과했고, 3210만 캐나다 달러를 생존자 지원에 사용하겠다고 공언했다.

캐나다는 숨이 멎을 정도로 아름답고 풍부한 자연환경으로 전 세계에 알려졌지만, 온실가스를 가장 많이 배출하는 국가이다. 2019년 정부 보고서에 따르면, 캐나다는 다른 어느 국

가보다 2배 빠른 속도로 기온이 올라가고 있으며, 북부 지역의 경우 온도 상승 속도가 거의 3배 빠르다. 환경을 보호해야 한다는 인식과 천연자원에 의존하는 경제 현실 간의 마찰은 점점 눈에 띄고 있다. 2020년과 2021년에 브리티시컬럼비아주의 노령림(나이가 오래된 숲 - 옮긴이)을 보호하기 위해 밴쿠버섬 남부의 페리 크리크 분수령을 봉쇄한 일은 캐나다 역사상 가장 큰 규모의 시민 불복종 행동이었다.

캐나다는 오랫동안 다자외교에서의 역할과 평화와 안보, 대외 원조, 환경 보호 분야에서 위상이 높았지만, 규범에 기반한 국제 질서 내에서 압박이 더 커짐에 따라 쥐스탱 트뤼도 총리는 이런 위상을 유지하는 데 어려움을 겪고 있다. 트뤼도 정부는 캐나다, 미국, 멕시코 간 무역을 규제하는 NAFTA 재협상과 트럼프 전 대통령의 '바이 아메리칸'(미국산 구매) 캠페인의 형태로 대두되는 포퓰리즘 및 보호주의에 직면했다. 2021년에 치러진 스냅 선거(예정보다 빠른 선거 - 옮긴이)로 여소야대 형국이 되었지만, 트뤼도는 세 번째 연임에 성공했다.

코로나19

캐나다에서 보건의료는 주/준주 관할 업무이므로 코로나 관련 정책과 권고 사항이 지역마다 다르다. 예를 들어 온타리오주와 퀘벡주에서는 장기 요양 시설의 감염률과 사망률이 높았던 탓에 주 차원에서 요양 정책과 절차 재검토에 들어갔다. 그러나 팬데믹 기간에 연방, 주, 지역, 지방 당국 간 협력과 협조는 대체로 잘 이루어진 편이었다. 2022년 3월에 코로나 백신 접종 완료자는 전체 인구의 80%를 넘었으며, 이는 캐나다 보건의료 서비스와 질병을 예방하고 생명을 구하기 위한 (상대적으로) 단일한 정치적 의지에 대한 캐나다 국민의 신뢰가 상당히 높은 수준임을 보여준다.

그러나 캐나다의 비교적 성공적인 팬데믹 대처는 2022년 트럭 운전사 파업에 가렸다. 90%의 트럭 운전사가 백신 접종을 마쳤지만, 캐나다로 재입국하는 모든 운전사가 백신을 맞아야 한다는 요건을 강력하게 반대하는 소수가 시위를 주도했다. 트럭 운전사 노동조합에서 이런 행동을 지지하지는 않았지만, 대형 상업용 트럭이 수도인 오타와로 향하는 도로를 몇 주 동안 막았고, 앨버타주에서 미국으로 넘어가는 길과 윈저와

디트로이트 간의 주요 교역로를 사실상 봉쇄했다.

전국에서 실시된 여러 설문조사에서 이 파업의 목적과 전술을 지지하는 사람은 거의 없었다. 극우 세력(미국 남부연합기, 독일 나치당 표지, 정부로부터의 자유를 요구하는 데서 드러남)이 조장하고 자금을 댄 이 시위를 주도하는 집단이 민주주의에 심각한 위협이 될 것을 많은 이가 우려했다. 법원의 금지명령, 경찰 치안 활동, 총리의 비상사태법 최초 발동 등을 통해 시위는 결국 와해되었다.

• 기후변화 •

캐나다 환경부 웹사이트에 따르면, 2021년은 "… 캐나다 역사상 날씨가 가장 파괴적이고, 가장 비용이 많이 들었으며, 가장 치명적인 해였다."

- 캐나다 전역에서 2월 한파로 일별 최저 기온 기록이 경신된 곳은 225곳을 넘었다.

- 6월에 '열돔 현상'(고기압이 반구 형태의 지붕을 만들며 뜨거운 공기를 가두어 폭염을 일으키는 현상-옮긴이)이 브리티시컬럼비아주에서 11일 동안 지속되었다. 그러면서 최고 기온을 경신했고, 산불로 마을 하나가 잿더미로 변했다.

- 브리티시컬럼비아주, 동부 대초원과 온타리오주 북서부에 이르기까지 남부 지역에 걸쳐 발생한 가뭄은 발생 지역의 지리적 크기, 가뭄의 심각성과 긴 기간 탓에 전례 없는 사태였다.

- 11월 중순에 발생한 '대기천'(대규모의 수증기가 가늘고 긴 띠 모양으로 이동하며 집중호우를 일으키는 대기 현상-옮긴이)으로 48시간 이내에 200밀리미터가 넘는 비가 브리티시컬럼비아주에 쏟아졌고, 일대 지역이 완전히 침수되었으며 1만 7,000명이 넘는 이재민이 발생했다.

- 동부에서 발생한 토네이도로 수십 년 만에 처음으로 사람이 사망했으며, 허리케인 래리로 뉴펀들랜드주의 6만 가구가 정전되었다.

02

가치관과
사고방식

캐나다인은 대체로 자국에 대한 자부심이 강하다. 이는 캐나다인 정체성에 반영된 긍정적인 가치 때문이다. 이 중에서 가장 많이 알려진 가치는 평온함, 환경 친화성, 겸손함, 평등일 것이다. 캐나다 국기를 가방에 달고 다니는 많은 여행자는 이런 긍정적인 특성과 자기를 연관 짓고 싶어 하는 것으로 볼 수 있다.

캐나다인은 대체로 자국에 대한 자부심이 강하다. 이는 캐나다인 정체성에 반영된 긍정적인 가치 때문이다. 이 중에서 가장 많이 알려진 가치는 평온함, 환경 친화성, 겸손함, 평등일 것이다. 캐나다 국기를 가방에 달고 다니는 많은 여행자는 이런 긍정적인 특성과 자기를 연관 짓고 싶어 하는 것으로 볼 수 있다. 전국적으로 캐나다인은 캐나다가 따뜻하고 개방적이며 포용적인 사회라고 여긴다. 그러나 앞서 1장에서 설명했듯이 2021년과 2022년 초에 일어난 주요 사건으로 국가에 대한 자부심에 상처가 생겼다.

인구가 다민족으로 구성되고 지리적으로 퍼져있는 관계로 '캐나다인'의 가치관과 사고방식을 일반화하기는 어렵다. 그렇지만 이번 장에서는 캐나다인이 개인적으로, 집단적으로 중요하게 여기는 몇 가지 공통점을 살펴보려 한다.

지역별 정체성

캐나다가 하나의 국가인지 아니면 그냥 지역의 연합체인지에 관한 질문을 많이 한다. 주별로 공통적인 경험과 충실성을 강화하는 요인에는 역사적 발전과 이주 패턴, 주별 도심지 간의 엄청난 거리와 노동인구 이동에 영향을 주는 기술적인 규제, 그리고 주별로 집행되는 교육 등이 있다. 캐나다인은 다른 주보다는 자기가 사는 지역이나 해외에서 휴가를 보내는 경우가 많다. 이제부터 지역별로 중요시하는 가치에 영향을 미치는 요소를 간단히 살펴보려 한다.

[대서양 연안 주의 캐나다인]

Quaerite prime regnum dei

(너희는 먼저 하나님의 나라를 구하라)

뉴펀들랜드 앤드 래브라도주의 모토

Parva sub ingenti

(위대한 자의 가호를 받는 작은 것)

프린스 에드워드 아일랜드주의 모토

Munit haec et altera vincit

(누군가는 방어하고 누군가는 정복한다)

노바스코샤주의 모토

Spem reduxit

(희망을 되찾았도다)

뉴브런즈윅주의 모토

대서양에 접한 4개 주(뉴펀들랜드 앤드 래브라도주, 뉴브런즈윅주, 프린스 에드워드 아일랜드주, 노바스코샤주)의 인구수는 약 240만 명 정도밖에 되지 않을 정도로 적다. 인구 대부분은 스코틀랜드, 아일랜드, 잉글랜드계이며, 소수 인구 중에 가장 많은 수를 차지하는 것은 프랑스계(고유한 프랑스어 방언을 쓰는 아카디아인)와 캐나다 선주민이다. 전체의 절반이 조금 넘는 인구가 도시에 살고, 전통적인 가치를 매우 중요하게 생각한다. 지난 5년간, 이 지역에 이민자가 늘어나면서 오랫동안 인구 유출이 되던 추세가 꺾였다. 특히 코로나19 팬데믹 동안 고물가와 무분별한 도시 확장을 피해 다른 곳에서 이주한 젊은 층이 많았다. 이 지역에는 우수한 대학교가 있으며, 전통적인 어업과 농업 기반에서 노동 시장이 점점 더 다양해지고 있다.

일자리와 먹거리, 관광객이 즐겨 찾는 해안가의 바탕이 되는 바다와 비옥한 토지가 지역 문화에 많은 영향을 주었다. 지역 사회의 결속력이 매우 강해 이 지역 사람들이 배타적이라는 고정관념이 생겼다. 이 지역 출신이 아닌 사람은 '외지인', 즉 이방인인 채로 남았기 때문이리라. 그러나 코로나19가 지난 후 시행된 비교 설문조사에서 대서양 연안 주의 캐나다인이 이주와 다양성에 특히 열린 태도를 보였음이 드러났다. 많은 훌륭한 대학이 젊은이를 끌어모으고, 그러면서 개방적이고 친절하며 활기찬 도시가 형성되고 있다. 또한 대서양 연안 주의 캐나다인은 낙천적이고 긍정적인 관점을 지녔다. 80%에 이르는 인구가 팬데믹 기간에 캐나다에 산다는 점에 감사함을 느꼈다고 할 정도이니 말이다.

뉴펀들랜드 앤드 래브라도주에 관해 주목할 점이 하나 있다. 이 주는 1949년이 되어서야 캐나다 연방에 가입했다. 그래서 연방 가입이 잘한 일인지 의문을 품는 사람이 아직도 있다. 언어는 캐나다에서도 억양이 독특한 편이다. 뉴펀들랜드 앤드 래브라도주 사람들은 외부에서 보기에도 그렇고 스스로도 다른 캐나다인과 다르다고 생각한다. 아마도 이 점 때문에 뉴펀들랜드 사람을 두고 수많은 농담('뉴피Newfie')이 생겼을 것이다. 그렇지만 그런 농담은 뉴펀들랜드 사람을 제대로 표현한 것도 아니고, 뉴펀들랜드 사람들이 좋아하는 것도 아니다.

Je me souviens

(나는 기억하노라)

퀘벡주의 모토

퀘벡주 사람에 관한 한, 퀘벡주와 ROC(나머지 캐나다)만이 있을 뿐이다. 860만 명이 거주하는 퀘벡주는 캐나다에서 두 번째로 인구가 많은 주(전체 인구의 약 4분의 1 거주)이다. 가장 최신 인구통계에 따르면 퀘벡주 인구의 78%가 프랑스어, 7.45%가 영어를 사용하며, 두 언어를 모두 쓰는 이중언어자는 42.6%였다. 퀘벡주에 살면서 영어를 거의 혹은 아예 못 하는 사람도 있다는 것이다!

퀘벡주에는 프랑스어를 보존하기 위해 강력한 언어 정책이 시행되고 있다. 도로와 가게 표지판은 프랑스어로 되어있고, 프랑스어를 쓰는 학부모는 자녀를 프랑스 학교에 보내야만 하며, 이민 정책에서 프랑스어가 더 중요하게 여겨진다. 이런 태도는 이전에 언어를 상실할 뻔한 두려움에서 기인한다. 일례로 1960년대 말까지만 해도 영어권 기업에서 일하는 프랑스어 사용자는 프랑스어를 쓰지 못했다. '조용한 혁명' 이후 프랑스어와 문화에 관한 자부심을 되살리려는 노력이 있었으며, 이는 퀘벡주의 다채로운 음악, 영화, 예술계에서 나타난다. 북미 대륙에서 영어 사용자에 둘러싸인 퀘벡주 거주자들은 프랑스어를 보호하지 않으면 잃어버리게 될 것을 우려한다.

관광업에 직접적으로 연관되지 않은 서비스 분야에 종사하는 퀘벡인들은 영어로 방문객과 소통하는 데 어려움을 겪을 가능성이 크다. 보통 어떤 사람이 외국인이고, 영어를 쓰는 캐나다인이 아니라는 것을 알게 되면 퀘벡인의 서비스가 더 나아질 수 있다. 프랑스어를 쓰지 않는 사람이라면 현지인을 사귀기 전에 넘어야 할 장벽이 더 있다고 봐도 무방하다. 그렇지만 그 장벽을 넘고 나면, 퀘벡인들은 개방적이고 친근한 태도를 보일 것이다. 또한 이들은 유머 감각도 좋고 자부심이 넘친다.

캐나다 정치는 종종 영어권과 프랑스어권 간의 감정에 기름을 끼얹는다. 영어권에서 보기에 퀘벡인들은 골칫덩이이고 배은망덕한 불평분자이며 고집불통의 이기주의자이고, 심지어 한 유명한 사건에서는 전염병과 같다고 보았다. 퀘벡인은 다른 영어권 주의 캐나다인을 오만하고 고압적이며, 편협하고 못됐다고 생각한다.

보디랭귀지(앵글로·색슨족보다 손을 더 많이 사용), 의상 스타일(캐나다 나머지 지역보다 더 패션에 관심이 많음), 요리 취향(음식을 사랑하고 이에 관해 끝없이 말할 수 있음) 등 삶의 모든 측면에서 프랑스가 퀘벡 문화에 많은 영향을 미쳤음을 알 수 있다. 그러나 퀘벡 문화도 프랑스와는 상당히 다르다. 퀘벡 사회의 가치관과 사회 구조를 예로 들면, 유럽의 프랑스에 비해 사회 계급과 근무 여건이 덜 위계적이고 서로 소통할 때 훨씬 정중하며 목소리를 높이거나 다투는 일도 적다는 점에서 퀘벡인은 명백히 북미인이다. 퀘벡의 매력 중 하나는 바로 인기 관광지인 퀘벡시 같은 도시에서 느낄 수 있듯 옛 유럽과 북미 문화가 혼합된 점이다.

【 온타리오주의 캐나다인 】

온타리오주에는 캐나다의 수도 오타와, 그리고 캐나다 최대 도시인 토론토가 있다. 약 1500만 명의 인구가 이 캐나다 최대 광역도시권(온타리오주 남부의 거의 절반을 차지)에 거주한다. 온타리오주 토지 면적의 15%에 해당하는 남부 지역에 주 전체 인구 중 94%가 살고 있어 캐나다에서 인구 밀도가 가장 높은 지역으로 손꼽힌다.

Ut incepit fidelis sic permanet

(충성으로 시작하여 끝까지 충성을 유지하리라)

온타리오주의 모토

온타리오주의 경제 구성에서 가장 많은 비중을 차지하는 것은 서비스업과 자동차 산업 같은 제조업이다. 온타리오주 주민은 온타리오주가 캐나다의 중심이라고 생각하는데, 이런 정서는 다른 지역의 캐나다인에 분노를 불러일으키는 경우가 많다. 외부인이 보기에 온타리오주는 '캐나다'의 정수 같지만, 사실은 주민 중 4분의 1 이상이 다른 국가 출신으로 문화 다양성이 가장 뛰어난 곳이다. 토론토는 세계에서 손꼽히는 다문화 도시로 유명하며, 인구의 절반 이상이 다른 곳 출신이다. 소수 인구 중에서는 프랑스어를 쓰는 사람의 수가 가장 많다.

캐나다에서 학연이 남아있는 곳이라고 한다면 단연 온타리오주이다. 온타리오주 경제는 매우 경쟁이 치열하고 역동적인 환경을 조성한다. 보통 온타리오주 주민은 다양한 분야에 걸친 좋은 일자리, 문화 및 엔터테인먼트, 아름다운 자연환경, 이 모두를 누릴 수 있는 오래된 도시와 마을 등이 있기에 온타리오주에 없는 것이 없다고 생각한다. 그들은 일상을 바쁘게 살고 외국인 방문객에도 익숙해져 있으므로, 외국인 방문객이라면 이 대도시 환경에서 편안함을 느낄 수 있을 것이다.

【 대초원의 캐나다인 】

Gloriosus et liber

(영광스럽고 자유로운)

매니토바주의 모토

Multis e gentibus vires

(많은 사람으로부터 우리의 힘이 나온다)

서스캐처원주의 모토

Fortis et liber

(강하고 자유로운)

앨버타주의 모토

　약 500만 명이 대초원의 3개 주(매니토바주, 서스캐처원주, 앨버타주)에 산다. 광활한 영토에 비해 인구수가 적으며 천연자원을 활용한 산업이 경제의 주를 이룬다.

　캐나다의 중앙에 있는 매니토바주에서는 인구 55% 이상이 주도인 위니펙에 거주한다. 이 주에서는 선주민 인구(퍼스트 네이션과 메티스)가 고유한 자기 문화와 전통을 보존할 수 있도록 큰 노력을 기울이는 것으로 유명하다. 인구 다양성이 매우 높은 덕분에 독특하고 활기찬 예술과 음악이 발달했다. 매니토바주에는 캐나다에서 가장 오래된 영어 극장인 왕립 매니토바 극장과 캐나다에서 가장 오래된 프랑스어 극단인 'Le Cercle Molière'가 있다.

서스캐처원주는 대초원 3개 주 중에서 가장 시골이며, 인구의 3분의 1이 농촌 지역에, 4분의 1이 소규모 도심지에 산다. 예전부터 캐나다의 곡창지대 역할을 했으며, 대형 곡물 농장 및 육우 목장이 많다(서스캐처원주 농장의 평균 크기는 캐나다 다른 지역의 농장 평균 크기의 2배가 넘는다). 이 지역의 오랜 농경 생활은 근면을 중시하는 강한 공동체 지원 의식을 낳았다.

　앨버타주는 인구의 81%가 도심 지역에 살 정도로 매우 도시화되었다. '캘거리-에드먼턴 회랑'이라고 부르는 지역은 캐나다에서 가장 인구 밀도가 높다. 또한 6개의 유네스코 세계문화유산과 아름다운 자연경관을 자랑하여 주요 관광지로 자리매김하고 있다. 앨버타주는 친기업적 태도와 낮은 세율 때문에 캐나다에서 가장 보수적인 주로 여겨진다. 그 이유에 관해서는 여러 가설이 있는데, 원래 육우 목장과 대형 농장이 정부 개입에 민감했기 때문이라는 설도 있다. 오늘날 석유 및 가스 산업이 독립성을 추구하는 것처럼 말이다. 그리고 카우보이 문화(로데오, 카우보이 모자와 부츠)와 석유 및 가스 산업의 '시골 노동자'로 유명하다. 그렇지만 이곳의 튼튼하고 다양한 경제와 높은 삶의 질(캐나다에서 1인당 GDP가 가장 높으며 미국의 많은 주와도 견줄 만하다)이 캐나다 전역에서 캐나다인을 끌어모은다.

Splendor sine occasu

(위축되지 않는 영광)

브리티시컬럼비아주의 모토

　약어로 BC라고 널리 알려진 브리티시컬럼비아주는 미국 LA처럼 진보적이고 트렌디하며, 마약에 관대하고 캐나다에서도 성 소수자 친화적인 이미지이다. 그러나 2018년에 캐나다 전역에서 대마초가 합법화되었을 때, 그렇게 유명한 브리티시컬럼비아주의 관용은 그다지 드러나지 않았다. 그럼에도 이런 이미지를 지금까지 유지하고 있는 것은 누드 비치와 북미에서 세 번째로 큰 영화 제작 도시인 밴쿠버 덕분일 것이다. 인구 중 약 500만 명(60%)이 주도인 빅토리아와 캐나다에서 세 번째로 큰 도시인 밴쿠버에 몰려있다.

　브리티시컬럼비아주, 특히 밴쿠버는 상당히 다문화적이다. 인구 중 3분의 1이 아시아계로, 북미에서 두 번째로 큰 중국인 공동체가 밴쿠버에 있다. 많은 이들이 19세기 말에 캐나다 태평양 철도 건설을 위해 캐나다로 건너와 그대로 정착했다. 브리티시컬럼비아주의 선주민 인구는 다른 주에서보다 더 확연하게 고유 문화의 부흥을 경험하고 있다. 인구 중 70%가 영어를 모국어로 사용하며, 프랑스어를 모국어라고 하는 사람은 1.2%에 불과하다.

【 북부 지역의 캐나다인 】

Nunavut Sanginivut

(우리 땅이 곧 우리의 힘)

누나부트준주의 모토

이 지역에는 유콘준주, 노스웨스트준주, 누나부트준주가 있다. 이 지역의 면적은 캐나다 전체 영토의 3분의 1이 넘지만, 거주하는 인구는 9만 3,000명 정도에 불과하다. 이 중 절반 이상이 노스웨스트준주와 누나부트준주에 살고, 유콘준주 인구의 4분의 1은 선주민이다. 이 지역에서는 토착어가 영어, 프랑스어와 함께 공식 언어로 인정된다. 대부분 영어를 사용하지만, 인구 중 31%가 토착어를 모국어라고 말한다. 따라서 이곳의 삶은 매우 공동체 지향적이다. 지역 사람이 모두 서로를 안다고 할 수 있는 정도이지만, 이렇게 멀고 아름다운 곳을 방문하는 방문객도 따뜻하게 환대한다.

캐나다 총리는 대개 온타리오주와 퀘벡주 출신이다. 그래서 다른 주/준주의 주민은 캐나다 정치가 이 두 주의 이해를 위해 이루어진다고 느끼는 경우가 많다.

이름	재임 기간	출신지
피에르 트뤼도	1968~1979년, 1980~1984년	퀘벡주
조 클라크	1979~1980년	앨버타주
존 터너	1984년	영국
브라이언 멀로니	1984~1993년	퀘벡주
킴 캠벨	1993년	브리티시컬럼비아주
장 크레티앵	1993~2003년	퀘벡주
폴 마틴	2003~2006년	온타리오주
스티븐 하퍼	2006~2015년	온타리오주
쥐스탱 트뤼도	2015년~현재	퀘벡주

이중언어주의

앞서 살펴보았듯, 캐나다인은 대체로 프랑스어와 영어를 둘 다 구사하지는 않는다. 국가 차원에서는 '이중언어주의'를 채택하여 공식 언어도 2개이고 연방 기관에서는 두 언어로 서비스를 제공해야 한다. 그러나 전국적으로 보면 프랑스어와 영어를 모두 구사하는 인구의 비율은 약 18%이다. 압도적인 프랑스어권인 퀘벡주에서 인구 대부분은 주로 프랑스어를 구사한다. 나머지 캐나다 지역에서는 주로 영어를 쓰며, 프랑스어를 거의 못 한다.

이중언어주의를 어떻게 평가하는지는 지역에 따라 달라진다. 온타리오주와 퀘벡주 인근에 살수록 이중언어를 구사하는 것이 기술로 높이 평가받는다. 퀘벡주에서는 1970년대 이후로 주 정부에서 프랑스어 사용을 권장했다. 그러나 최근 퀘벡인은 오늘날의 글로벌 경제에서 영어를 구사하는 것이 자산이라는 점을 깨닫게 되었다.

퀘벡주 이외의 지역에서 프랑스 공동체가 가장 큰 곳은 대서양 연안 주와 온타리오주다. 이들 주에서는 다른 주보다 이중언어를 구사하는 것에 더욱 긍정적인 태도를 보인다. 그러나 서부로 갈수록 이중언어를 구사하는 것의 이점이 없어진다.

다문화주의

캐나다에는 매년 인구의 1%에 해당하는 이민자가 들어온다. 즉, 캐나다 인구의 대략 5분의 1이 캐나다가 아닌 다른 곳 출신이다. 다른 나라에서처럼 이민 문제가 뜨거운 감자가 아닌 이유는 보유 기술에 기반한 기준으로 입국을 허용하는 캐나다의 '스마트 심사' 정책 덕분이다. 인구 고령화가 진행되면서 대부분의 캐나다인은 사회 서비스와 경제 성장을 유지하는 데에 이민자가 필요하다는 사실을 깨달았다. 그러나 캐나다는 모든 캐나다인의 가치와 사고방식에 영향을 미치는 독특한 실험을 한창 진행 중이다. 전 세계에서 이민 정책을 선도하는 국가로서, 캐나다는 오늘날 다른 어느 나라보다도 관용의 가치를 발전시키고 있다.

몬트리올 시내에서 캐나다의 날 퍼레이드를 보기 위해 모인 관중

캐나다에 200개가 넘는 민족 집단이 있는 것을 생각하면, 다양한 문화 집단이 평화롭게 공존하는 것만이 아니라 함께 적극적으로 사회를 구성해 갈 방법을 찾는 것이 매우 중요하다. 캐나다 인구의 약 30%가 이민자 출신이고, 캐나다 아동 인구의 약 18%는 이민자 부모 밑에서 태어났거나 '새로 입국'(캐나다 외부에서 출생)했다. 밴쿠버와 토론토 학교 학생 중 5분의 1 정도가 이렇게 새로 입국한 아이들이다. 그리고 약 13%의 인구가 '외관으로 보기에도 소수 집단'('원주민 인구가 아니고, 백인종이 아니며, 피부색도 하얗지 않은' 사람을 의미)이다.

1988년 캐나다 정부는 공식 다문화주의법을 통과시켰다. 이 법으로 개인의 문화적 배경, 종교, 성별 등과 관계없이 모든 캐나다인에게 권리를 평등하게 보장할 수 있게 되었다. 그러나 곧 이런 '서로 자기 방식대로 살아가는' 방법은 인종차별이 없는 관용적인 사회를 수립하는 데 역부족임을 깨달았다. 1990년대 말이 되자 캐나다 정부는 다문화 정책에 반인종차별접근법을 추가했다. 이런 정책은 기회의 평등만이 아니라 사람들이 살아가고 일하는 방식에서 실질적인 평등을 추구하기 위한 것이었다.

캐나다인은 캐나다의 다문화 이민 사회를 '모자이크 문화'

라고 부르며 미국식 '용광로' 사회와 구분한다. 용광로라는 개념은 단일한 '미국' 사회를 건설한다는 동화(이민자가 새로운 사회의 일원이 되기 위해 그들만의 고유한 문화를 포기해야 함을 의미)와 연관된다. 반면 캐나다의 다문화 모자이크 이론은 이민자에게 자기 문화를 포기하라고 압박하는 것이 아니라 새로운 문화 사이에서 균형을 찾도록 하는 것을 바탕으로 한다. 즉, 다양한 문화 집단이 서로 관용적인 공존 분위기 속에서 함께 이상적으로 살아가는 것이다.

관용

캐나다의 이민 정책에 반대하는 캐나다인은 거의 없겠지만, 그렇다고 인종차별이나 변화에 대한 저항이 아예 없는 것은 아니다.

과거에 캐나다는 선주민 인구를 주류 '캐나다' 문화에 동화시키려고 강제적인 정책을 펼쳤다. 선주민 인구는 지금까지도 차별과 부정적인 편견에 시달린다. 기숙 학교에서 구덩이에 묻힌 선주민 아동의 유해가 발굴되면서 캐나다는 체제의 잔혹

성에 눈을 떴을 뿐만 아니라, 캐나다 선주민 인구가 전반적으로 겪은 고통을 전 국민이 '모른 척'했다는 사실을 인정해야만 했다.

또한 미국인이나 서유럽인조차도 이민자라면 취업에 어려움을 겪을 수 있다. 이민자는 캐나다 노동인구에 필요한 기술과 지식에 기반한 점수제도로 선발된다. 그러나 그렇게 심사를 통과하고 캐나다에 도착해도 거주, 라이선스, 인증 요건 때문에 큰돈과 많은 시간을 들여 재교육받거나 자격시험을 치르기 전에는 원하는 곳에서 일할 수 없는 경우가 많다. 많은 이민자는 해당하는 주 '출신'이 아니거나 그 주에서 일한 경험이 없어서 많은 차별을 겪는다.

특히 외모로 보나 사용하는 언어로 보나 소수 집단인 개발도상국에서 새로 온 이민자가 직면하는 사회경제적 어려움은 캐나다 사회의 문제로 인식되고 있다. 이 문제는 주로 도시에서 발생하며, 세습 언어(캐나다에서 사용하는 제1 언어 외에 이민자 부모가 사용하는 언어-옮긴이) 교육, 학교 이사회의 다원주의에 대한 민감성 증진, 민족적 사회 서비스 지원 등의 프로그램으로 해결하고 있다.

그러나 방문객들은 그들이 만나는 캐나다인이 차이에 매우 관대하다는 점을 느낄 것이다. 또한 그 정도가 심해서 거의 무관심하다고 느낄 수 있다. 캐나다에서는 다른 국가 출신의 이방인을 접하는 일이 특별하거나 새로운 일이 아니기 때문에, 방문객의 고국에 관해 질문할 생각조차 하지 않을 수 있다. 그리고 캐나다 언론에서 국제 뉴스를 많이(미국보다 훨씬 더 많이) 다루지만, 일반적인 캐나다인은 '나머지 세계'가 상당히 멀다고 느낀다.

종교

캐나다에서 종교적 신념은 순전히 개인의 성격으로 여겨진다. 교회 권력과 국가는 사실상 분리되어 있으며, 원하는 종교 활동의 자유도 헌법으로 보장된다. 현재 캐나다에서 종교를 갖지 않는 인구는 급격히 증가하는 추세이다.

기독교를 믿는 인구는 전체의 63%가 조금 넘는 정도이다. 이 중 절반 이상이 가톨릭교인이다. 비기독교 인구는 10%가 채 되지 않는다. 전체 캐나다 인구의 4분의 1 정도가 종교가 없다고 말한다. 기독교가 아닌 종교 중에서는 마법이나 기타 새로운 기독교 이단, 토착 캐나다 영성이 빠르게 성장하고 있다. 이슬람교나 일부 동양 종교 등 다른 종교를 믿는 인구도 이민이 늘면서 함께 증가하고 있다.

'미국인'은 금기어

> "캐나다인은 미국인이랑 거의 분간이 안 가지만,
> 둘을 구분하는 가장 확실한 방법은
> 캐나다인을 고찰해 보는 것이다."
>
> 미국 언론인 리처드 스타네스

캐나다인의 가치와 사고방식을 일반화하기 어려운 이유는 정체성이 부정적인 언어로 표현되기 때문일 것이다. 캐나다의 영어권 지역에서는 이 정체성이 "우리는 미국인이랑 같지 않다."라는 말로 요약된다. 퀘벡주에서 이에 해당하는 표현은 "우리는 프랑스인도 아니고 영어 사용자도 아니다."이다.

영어권 주에서는 특히 진부한 표현이 되고 있지만, 캐나다인이 미국인과 다르다는 말은 캐나다인을 일반화한 표현 중 모든 사람이 유일하게 동의하는 것이다. 실제로 캐나다인은 그들이 미국인과 어떤 차이가 있는지 많은 시간과 에너지를 들여 설명한다. 캐나다인이 미국에 느끼는 '열등감 콤플렉스'도 약간 있다. 그렇기에 나도 모르게 해외에서 마주친 캐나다인에게 미국인이냐고 물어보면 살짝 화난 듯한 답을 듣게 되는 걸지도 모르겠다. 질문한 사람에게 화가 난 건 아니다. 그저 지정학적으로 민감하다는 현실의 반영일 뿐이다.

2022년 초에 있었던 트럭 운전사 파업은 캐나다인의 가치

백신 의무 접종 정책에 반대하며 시위하는 자유 수호대 지지자

관이 얼마나 다른지를 잘 보여주었다. '자유 수호대'의 근본적인 사상 중 하나는 개인의 권리를 수호하는 것이다. 마스크를 쓰지 않거나 백신을 맞지 않을 개인의 권리를 수호함을 의미한다. 그러나 대부분의 캐나다인은 다른 이의 건강이나 자유를 위험에 빠트릴 가능성이 있다면 개인의 권리를 조절해야 한다고 생각한다.

행동적인 측면에서 캐나다인은 스스로 남쪽의 이웃보다는 덜 오만하고 덜 시끄럽다고 생각한다. 누구나 자기 성격을 표출하고 자기나 타인의 권리를 방어할 수 있지만, 그러면서도 겸손과 존중을 반드시 유지해야 한다. 전국적인 형평화 정책과 보건의료 정책은 캐나다 내에서 인기가 높은데, 이는 캐나다에서 공동체적인 가치를 중요시함을 보여준다. 그렇기에 캐나다인은 미국인보다 덜 개인주의적이라고 자평한다.

실제로 캐나다를 방문한 사람들은 캐나다에서 미국 험담을 많이 한다는 사실에 놀랄 수도 있다. 캐나다에서 다른 문화를 비난하는 일은 '없다.' 단, 미국은 예외다. 한때 위협을 당하기도 했고, 현실적으로 우위에 있는 초강대국인 이웃 국가를 깎아내리는 일은 캐나다의 국민적 오락이다.

"미국 옆에서 살아간다는 것은
코끼리 옆에서 자는 것과 마찬가지이다.
이 짐승이 얼마나 친절하고 온순한지와는 상관없이,
작은 움직임이나 소리에도 영향을 받게 마련이다."

피에르 엘리오트 트뤼도 전 총리

착한 사람들

"캐나다인은 양면적이다.
평화를 위해 애쓰다가도 한순간에
빙상경기장 위에서 서로를 죽도록 때린다."

언론인 켄 위와

자국 문화를 한마디로 정의하기 어려워하지만, 대부분 캐나다인은 자기가 캐나다인임에 '매우 자부심을 느낀다.' 그렇다고 공공연하게 애국심을 표출한다거나 옥상에서 국가에 대한 사랑을 외치지는 않는다. 이렇게 조용한 애국심을 설명할 때 영어권과 프랑스어권 캐나다인 모두가 캐나다에서는 겸손을 미덕으로 삼기 때문이라고 말할 것이다. 이렇게 겸손을 중시하는 문화는 유명인이나 유명한 발명품이 사실은 캐나다 출신이나 캐나다산이라는 점이 잘 알려지지 않게 만드는 원인이기도 하다. 그렇지만 애국심이 부족해 보이는 데도 이유가 있다. 캐나다인은 불평할 권리를 남겨놓기 때문이다. 캐나다인은 특히 정부에 관해 투덜거리기를 즐긴다. 날씨 이야기와 정부에 대한 불만은 어느 모임에서든 들을 수 있는 대화 주제일 정도이다.

전 세계적으로 캐나다인은 상냥하게 말하고 잘난 체하지 않으며 평화를 사랑하는 것으로 여겨진다. 평화유지 활동이나 기타 UN 맥락에서 캐나다가 맡은 다각적인 역할을 생각해 봐도 그렇게 느껴질 것이다. 캐나다인 배낭여행객이나 관광객은 대체로 배려심이 많고 흥미로우며 야단스럽지 않은 손님으로 환영받는다. (워낙 캐나다인이 환영받다 보니 미국인 여행객이 가방에 캐나다 국기를 달거나 옷깃에 빨간색 단풍잎을 달고 다니는 정도이다.)

캐나다인은 지나칠 정도로 예의가 바르다. 그래서 누가 자기 발을 밟아도 (내 발을 잘못된 곳에 두어서) 미안하다고 할 정도다. 그리고 다른 사람을 화나지 않게 하려고 매우 조심스럽게 행동한다. 그렇기에 캐나다인은 상대방에게 직접적인 질문을 하지 않으려고 조심한다. 무례하거나 시끄럽게 보이거나, 단순히 멍청하게 보이고 싶지 않아서이다. 또 다른 주목할 만한 특징은 타인의 공간적 요구를 존중한다는 것이다. 캐나다인의 '개체 공간 영역'(개인이 심리적으로 자신의 공간이라고 인식하는 자기 주위의 영역 – 옮긴이)은 상당히 넓은데, 이는 캐나다인이 함께 살아가는 물리적인 공간이 상당히 여유 있는 데서 비롯하는 것일 수 있다. 상점 주인은 유쾌하고 친절하지만, 과도하게 친근하게 굴거나 심하게 옆에 있지 않는다.

여성을 대하는 태도

캐나다는 여성이 여행하기에 쾌적한 곳이다. 그렇다고 남성과 여성이 캐나다 사회에서 완전히 평등하다고 말하기는 힘들다. 다른 많은 나라처럼, 여성이 남성만큼 힘들게 일하는데도 자녀 양육의 책임을 혼자 져야 하는 경우가 많다. 그리고 임금이 언제나 동등한 것도 아니다. 캐나다의 전 부문에서 정규직으로 일하는 여성의 평균 임금은 정규직 남성의 71%에 불과하다. 하원에서 여성 의원의 비율은 25%이며, 내각에서는 31%이다. 그래도 캐나다는 유엔개발계획UNDP의 성불평등지수에서 여덟 번째로 불평등지수가 낮은 국가인 것으로 나타났다.

　그러나 캐나다에서 여성 참정권이 주어진 것은 1918년이었고, 2013년 전체 노동인구에서 여성은 47.3%를 차지했다. 그러니 사무실에 있는 여성이 비서일 거라고 속단하지 않는 것이 좋다. 그 여성이 보스일 수도 있으니 말이다.

개인주의적인 집단주의자

캐나다 사회는 국제적(도시적이고 다문화적)이고 중산층 사회라는 점에서 북미 사회이다. 유럽에서 캐나다에 이민해 오는 사람들은 안도의 한숨을 쉬며 사회적 통제가 유럽보다 훨씬 덜하다고 말한다. 계급 의식도 없는 편인데, 이는 캐나다인이 상당히 자랑스러워하는 부분이다. 사회적 계급이 아예 없는 사회라는 말은 아니지만, 그런 계급이 개인의 금전적인 부나 선천적인 권리, 오랜 학연 등과 관련 있지는 않다. 특권층도 없고, 출신 학교 때문에 겪는 취업 장벽도 없다. 그렇지만 여느 곳에서처럼 어떤 사람을 알고 어떤 외모를 가졌는지가 여전히 중요하게 여겨질 수 있다.

캐나다 사회는 성실함과 개인의 책임을 중시하는 능력주의에 기반한 자본주의 경제 체제를 바탕으로 한다. 그렇지만 모든 국민의 생활 수준을 동등하게 만들려는 풍부한 사회복지제도에 기반하기도 한다. 높은 세율은 부의 축적을 제한하고, 임금 통제로 미국에서 일했을 때보다 소득이 훨씬 적을 수 있다. 예를 들어 미국의 외과 의사는 캐나다 외과 의사보다 소득이 3배 더 많다. 그래도 캐나다인은 전 국민 건강보험제도를 자랑스러워하며 매우 강력하게 이를 옹호한다(캐나다 국민으로서 이는 타협할 수 없는 부분이다).

이를 보면 캐나다인은 개인의 종교나 신념 등 개인적인 권리를 중시하지만, 집단적인 가치(평화, 정의, 권위에 대한 존중, 복지제도하의 평등)를 위해 개인의 자유를 제한하는 것을 기꺼이 받아들임을 알 수 있다.

선한 시민

캐나다인은 스스로 준법 시민이라고 생각한다. 이런 신념은 폭력적인 범죄의 통계 수치가 훨씬 높은 미국과 비교하는 데서 나오는 듯하다. 캐나다에서 거의 모든 유형의 범죄율이 감소세이며, 1972년 이래로 최저치를 기록하고 있다.

그렇다면 평화를 사랑하는 이미지는 어디에서 왔을까? 이런 이미지의 구축에 일조한 요인 중 하나는 캐나다인 대다수가 권위를 존중한다는 것이다. 캐나다인은 규칙이 있는 데는 그만한 이유가 있다고 생각한다. 정부는 국민을 돌보기 위해 있고, 그렇기에 정부가 만든 규칙은 지켜져야 한다고 보는 것이다. 약 700만 명의 캐나다인이 총기를 소유(주로 오락을 위한 사냥용)하지만, 도시 거주자는 대체로 총기 사용에 반대하며, 수많은 공격용 무기의 사용이 금지되고 있다. 과거 몇십 년간 발생한 유명 살인 사건, '테러 행위', 부패 사건 등은 캐나다가 범죄 청정국이라거나 국제 정세에 무관한 나라가 아니라는 점을 보여준다.

또한 캐나다는 예방에 상당히 많은 관심을 쏟는다. 예방 전략은 캐나다에서 삶의 모든 측면에 녹아들어 있다. 전체 보건 의료 체계가 질병과 병의 전염을 예방하는 데 초점을 맞추고, 교통사고를 최소화하기 위해 교통량을 엄청나게 규제한다. 또한 빵과 사탕류는 개별 포장하여 누군가가 손으로 만지더라도 다른 사람이 병에 걸리지 않게(혹은 고의로 중독되지 않게…) 한다.

친환경적인 캐나다인?

캐나다인은 자연에 관심이 많다. 이는 수천 개의 국립/주립 공원, 자연 보호 구역, 황야, 휴양지 등에서 스포츠와 레저 활동을 열정적으로 즐기는 데서 잘 드러난다. 여러 설문조사를 보면 캐나다인 대부분은 기후변화를 걱정하고 에너지 전환이 불가피하다고 생각한다. 2021년의 치명적인 열돔 현상, 파괴적인 산불, 기록적인 홍수는 캐나다 기후가 급격하게 더워지고 있음을 보여주는 명백한 신호였다.

그렇지만 똑같은 설문조사에서 캐나다인은 변화를 위해 자금을 지원하거나 자기 생활 방식을 조절할 의향은 별로 없는 것으로 나타났다. 이는 캐나다에만 국한된 것은 아니지만, 캐나다에서 친환경 정서와 경제적 목표 간의 갈등은 상당히 독특하다. 캐나다 GDP의 상당 부분은 광업, 임업, 석유와 가스 등 채굴 산업에서 나온다. 캐나다의 오일샌드(지구에서 원유 매장량이 가장 많음)에서 원유를 추출하고 가공하는 산업을 통해 배출하는 온실가스의 양은 기존 채굴 기술을 사용할 때보다 3배 이상 많다. 숲과 습지를 없애고 많은 유독성 폐기물을 배출하기 때문이다. 캐나다의 자연환경에 대한 깊은 사랑과 이 환경을 경제적으로 이용하려는 데서 발생하는 긴장을 조율하는 것은 상당한 난제이다. 밴쿠버섬에서 2021년부터 2022년까지 있었던 벌목 반대 시위는 캐나다 역사상 가장 큰 규모였다. 그리고 앞으로도 이런 시위는 계속 생길 것이다.

긁어 부스럼 만들지 않는다

캐나다인에 관한 전형적인 고정관념은 캐나다인이 온건함을 선호하고 현상유지에서 가장 편안함을 느껴 '긁어 부스럼 만들지 않는 사람'이라는 점이다. 모든 고정관념이 그렇듯, 이 고정관념이 시작되는 한 줌의 진실이 있다. 즉, 캐나다는 대체로 중산층 국가이고, 국민은 정치적으로 중도인 편이며, '시끄럽고 야단스러운' 남쪽의 이웃으로 오해받을까 봐 자기 의견을 표출하지 않는 문화가 있다.

그렇지만 2022년 트럭 운전사의 '자유 수호대' 사건이 있었을 때처럼 정치 토론이 험악해질 수 있다. 그리고 부패와 극우 세력도 존재한다. '극'좌파에서 주장하는 '워크니스'의 영향도 증가하고 있다. 워크니스 문화가 어떻게 평등과 인종차별 반대를 핑계로 자유롭고 개방적인 토론을 질식시키는가와 캐나다의 대학교 내 언론의 자유에 관한 전국적인 토론이 벌어진 것이 대표적인 사례이다. 백신에 반대하는 '급진적 우파' 담론에서처럼, 이런 언어와 워크^{woke}(wokeness의 동사형－옮긴이) 관점은 미국에서 유래했고, 미국 이슈를 더 많이 나타낸다고 많은 이들이 생각한다.

극우와 극좌 양쪽의 급진적인 담론으로 캐나다 문화가 얼마나 영향을 받을지는 미지수다. 예의 바른 태도를 보이고 다른 사람의 기분을 상하지 않게 하려는 문화적 경향성은 '워크 문화'에서 이용되고, 특히 학교와 대학가의 토론에 영향을 미쳤을지도 모른다. 그렇지만 캐나다인이 전위적이라거나 위험을 감수하는 행동을 하는 것으로 유명하지 않다는 것은 확실하다.

03

풍습과 전통

캐나다는 국가로서 정립된 지 얼마 되지 않았을 뿐만 아니라, 매우 다양한 민족 집단으로 구성되었다. 각 민족 집단에는 고유한 종교와 문화 풍습이 있으며, 공동체적 유대감, 역사적 영향, 그리고 이를 현대적으로 반영한 요소가 결혼식, 생일, 기타 모든 '일상사'를 규정한다.

지금까지 캐나다가 국가로서 정립된 지 얼마 되지 않았을 뿐만 아니라, 매우 다양한 민족 집단으로 구성되었음을 살펴보았다. 각 민족 집단에는 고유한 종교와 문화 풍습이 있으며, 공동체적 유대감, 역사적 영향, 그리고 이를 현대적으로 반영한 요소가 결혼식, 생일, 기타 모든 '일상사'를 규정한다.

전국 공휴일

캐나다 공휴일은 법정 공휴일, 시민 휴일, 기념일이지만 쉬지 않는 날 등 세 가지 유형으로 나뉜다. 법정 공휴일에는 고용주가 의무적으로 직원에게 유급 휴일이나 휴일 급여를 제공해야 한다. 각 주/준주에서는 노동자에게 적용되는 법정 공휴일이 며칠인지 재량적으로 결정한다. 캐나다 대부분 지역에서 연중 법정 공휴일은 6일에서 8일 사이이며, 이와 달리 뉴펀들랜드 앤드 래브라도주의 법정 공휴일은 14일이다. 법정 공휴일에는 대부분 기업이나 정부 기관, 학교, 은행이 문을 닫고, 대중교통 같은 공공 서비스는 축소 운영된다.

　시민 휴일은 달력에 중요한 기념일로 표시되지만, 고용주가 재량에 따라 직원에 유급 휴가를 줄지 결정할 수 있다. 시민 휴일은 연방과 주 차원 모두 있다.

마지막으로 직장이나 학교를 쉬지는 않지만 일과 후에 축하하는 기념일이 있다. 밸런타인데이, 어머니/아버지의 날, 핼러윈 등이 대표적이다.

【 캐나다 데이 】

캐나다 데이(7월 1일)는 법정 공휴일이다. 전국 주요 도시에서 불꽃놀이, 퍼레이드, 야외 콘서트 등이 진행되고 많은 군중이 거리에 나와 대규모로 파티를 벌이며 축하한다. 그러나 이렇게 중요한 날조차 전국에서 저마다의 방식으로 기념한다.

캐나다의 2개 주에서는 캐나다 데이가 전혀 다른 의미를 갖는다. 퀘벡주의 경우, 매년 7월 1일은 퀘벡주 내 모든 아파트 임대차 계약이 갱신되는 날이다. 따라서 퀘벡주에서는 캐나다 데이를 '이사하는 날'이라고 농담 삼아 부르곤 한다. 퀘벡주에서도 콘서트와 각종 이벤트로 캐나다 데이를 기념하지만, 다른 주보다는 덜하다. 이는 퀘벡주에서 '내셔널 데이'(109쪽 참조)를 더 크게 기념하기 때문이다.

뉴펀들랜드 앤드 래브라도주에서 캐나다 데이는 현충일로도

밴쿠버 조지아 스트리트에서 거행되는 캐나다 데이 퍼레이드

부르고, 7월 1일과 가까운 월요일에 기념한다. 이날은 1916년 솜 전투가 벌어진 첫날로, 1차 세계 대전 중 뷰몽하멜 전투에서 목숨을 잃은 수많은 장병을 기린다.

【 노동절 】

노동절(캐나다에서는 영국식 철자법을 따라 'Labour Day'로 표기)은 미국처럼 9월 첫 번째 월요일(다른 나라처럼 5월 1일이 아님)이다. 북미노동절이 1872년 캐나다 토론토와 오타와에서 여러 퍼레이드를 개최한 데서 시작했다는 사실을 아는 사람은 캐나다인 중에서도 별로 없고, 미국인은 더더욱 모른다. 당시 두 도시에서 벌어진 시위는 하루 9시간 노동을 쟁취하기 위해 투쟁하다가 구속된 인쇄 노동조합 지도자 24명의 석방을 요구하기 위한 것이었다. 이 퍼레이드의 성과로 노동조합이 합법화되었고, 전통적인 퍼레이드와 소풍이 캐나다의 연례행사가 되었다. 미국에서 이런 퍼레이드가 처음 진행된 때는 미국의 주요 노동조합 간부가 토론토 퍼레이드에 참석한 이후인 1882년 9월 5일이었다. 1894년에 캐나다 의회에서는 노동절을 법정 공휴일로 선포했다.

그러나 오늘날 대부분 캐나다인은 노동절을 여름의 마지막 연휴로 생각한다. 다음 날인 화요일부터 학기가 시작하기 때문이다. 노동절에는 많은 사람이 짧게 휴가를 가거나 가을, 겨울옷과 학습용 비품을 장만하기 위한 쇼핑에 나선다. 캐나다에서 비즈니스를 할 생각이라면 노동절 주간에 많은 성과를 내려고 하지 않는 편이 좋다.

【 추수감사절 】

캐나다의 추수감사절은 미국과 다르며, 다른 날에 기념한다. 캐나다 추수감사절은 10월 두 번째 월요일이고, 그 기원도 미국과는 다르다. 역사적으로 추수감사절은 다양한 이유로 선포되었다. 일례로 1814년에는 '유럽의 피비린내 나는 경쟁이 종식된 것에 감사하고 자치령에 평화의 축복을 내리기 위해' 제정되었다. 1833년에는 콜레라의 종식을 기념했다. 캐나다 자치령에서는 1872년 4월 15일에 처음으로 추수감사절을 기념했는데, 이는 당시 영국의 프린스 오브 웨일스(후에 에드워드 7세

주요 공휴일 및 기념일		
새해	1월 1일	법정 공휴일
가족의 날	2월 세 번째 월요일	주별로 상이
성금요일	날짜 상이	법정 공휴일
부활절 다음 월요일	날짜 상이	법정 공휴일
영연방 기념일	3월 두 번째 월요일	시민 휴일
빅토리아 데이	5월 25일 이전 월요일	법정 공휴일
캐나다 원주민의 날	6월 21일	시민 휴일
캐나다 다문화의 날	6월 27일	시민 휴일
캐나다 데이	7월 1일	법정 공휴일
시민의 날	8월 첫 번째 월요일	시민 휴일 또는 법정 공휴일(주/준주별로 상이)
노동절	9월 첫 번째 월요일	법정 공휴일
추수감사절	10월 두 번째 월요일	법정 공휴일
현충일	11월 11일	시민 휴일
크리스마스	12월 25일	법정 공휴일
복싱 데이	12월 26일	법정 공휴일

로 즉위)가 심각한 병환에서 회복한 것을 축하하기 위함이었다. 1879년이 되어서야 일반적으로 추수감사절의 의미라고 여겨지는 '풍요로운 수확을 내려준 축복'에 감사한다는 것이 추수감사절의 목적으로 정해졌다. 따라서 신세계의 척박한 환경에서 살아남은 기존 식민지배자를 기리는 것과는 관계가 없다. 오늘날 캐나다에서는 추수감사절을 소박하게 가족과 식사하는 날로 보낸다.

【 빅토리아 데이 】

빅토리아 데이는 5월 25일 이전 월요일에 기념하는 법정 공휴일로, 원래는 영국 빅토리아 여왕의 생일을 축하하기 위해 제정되었다. 오늘날에는 현재 영국 왕인 찰스 3세를 기념한다. 캐나다 전국에서는 빅토리아 데이 연휴를 비공식적인 여름의 시작으로 여긴다. 이때 많은 명소가 여름을 맞아 개장하거나 많은 사람이 긴 겨울 끝에 시골집이나 여름용 별장의 문을 열기 때문이다. 날씨만 괜찮으면 교외에 나가기에도 좋은 날이다.

　이미 예상했겠지만, 퀘벡주에서 빅토리아 데이의 존재 이유는 전혀 다르다. 2003년부터 빅토리아 데이를 애국자의 날로 부르며 1837년 영국에 맞선 반란을 기린다. 이는 빅토리아

데이의 안티테제이지만, 그렇게 할 수 있는 곳이 바로 캐나다
이다.

【현충일】

11월 11일 현충일은 일부 주를 제외한 많은 주에서 법정 공휴
일이다. 이날은 양차 세계 대전과 한국 전쟁, 캐나다가 참여한
모든 평화유지군 활동에서 전사한 캐나다인을 추모한다.

　왕립 캐나다 부대(재향군인회에 해당 – 옮긴이)에서는 경제적 어려
움을 겪는 참전용사를 돕기 위한 모금 활동의 일환으로 양귀
비 조화를 판매하며, 매우 인기가 높다. 다른 많은 나라에서도
양귀비를 현충일 상징으로
삼지만, 캐나다에서 양귀비
조화를 다는 일은 더 특별한
역사적 의미가 있다. 이 전통
은 1915년 1차 세계 대전 당
시 캐나다 군의관이었던 존
맥크레이 중령이 쓴 「플랑드
르 평원에서」라는 시에서 유
래했다.

브리티시컬럼비아주 애버츠퍼드에서 열린
현충일 기념식에 참여한 참전용사들

• 플랑드르 평원에서 •

플랑드르 평원에 양귀비꽃 피었네

줄줄이 늘어선 십자가 아래

우리의 자리를 표시하는 십자가, 그리고 하늘에

여전히 용감하게 지저귀며 날아다니는 종달새

그 아래 총소리에 묻혀 거의 들리지 않네

우리는 죽은 자라네. 불과 얼마 전에

살아서 새벽을 느끼고 빛나는 석양을 바라보았네

사랑하고 사랑받던 우리는 이제 누워있네

플랑드르 평원에

적과의 싸움을 이어받게

스러지는 손으로 당신에게

던지는 횃불을 받아 높이 들게

그대가 죽어버린 우리와의 신의를 저버린다면

우리는 영영 잠들지 못하리. 양귀비꽃이 자라더라도

플랑드르 평원에

【 크리스마스 】

'캐나다 전국 크리스마스 점등 행사'는 1986년에 시작된 전국 행사이다. 공원과 건물을 색색의 조명으로 장식하고 12월 첫 번째 목요일에 시간대별로 오후 6시 45분 정각에 점등한다. 이렇게 동에서 서로 점등 물결이 이어지며 모든 시간대의 캐나다인을 결속하는 의미를 담고 있다.

가정에서 크리스마스를 기념하는 방식은 주, 민족 집단, 가정별로 천차만별이다. 퀘벡주에서는 가족 단위로 자정 미사를 보고 난 후 집에 돌아와 연회와 산타클로스의 방문을 즐기는 것이 전통이다. 크리스마스트리 밑에는 구유 주변에 크레슈라고 부르는 성탄 마을 모형을 전시한다.

뉴펀들랜드 앤드 래브라도주에서는 크리스마스 주간에 '교회를 위해 생선을 잡는' 전통이 있다. 사람들은 지역 교구의 교회를 위해 자기가 잡은 생선을 판매한다. 크리스마스이브 예배 중에는 수확 후 크리스마스를 위해 보관해 둔 순무 안에 초를 넣어 만든 작은 등을 아이들이 들고 있다. 사람들이 변장하고 다른 이들의 집을 방문하는 머머링Mummering은 이 주의 고유한 전통으로, 다른 캐나다 지역에서는 거의 알려지지 않았다.

최근 공공장소의 크리스마스트리는 다문화 논쟁의 대상이 되고 있다. 기독교 가정에서는 색색의 등이 달린 전선과 밝은 색의 방울로 크리스마스트리를 장식한다. 햄이나 칠면조 같은 특별한 요리와 함께 상다리가 휘어지게 식사를 준비하며, 산타클로스가 크리스마스트리 아래나 벽난로에 걸린 양말에 둔 선물을 풀어보는 전통이 있다.

12월 26일은 복싱 데이로, 크리스마스를 즐기고 난 후 피로를 회복하는 데 시간을 보내며, 특히 캐나다에서는 크리스마스 후의 파격적인 세일 날로 알려져 있다.

【 영연방 기념일 】

영연방은 이전에 영국 식민지였던 56개국의 자발적인 연합으로, 영연방 기념일은 1977년에 피에르 트뤼도 전 총리가 처음 제안했다. 그는 매년 하루를 정해 모든 영연방 국가가 소속감을 다지고, 영연방 연합에 대한 의지를 재확인하며, 연합의 목적에 대한 이해를 증진하고자 했다. 영연방 기념일은 3월의 두 번째 월요일이며, 캐나다인은 학교에서 여러 특별 활동을 하는 학생들을 통해 이날이 다가오는 것을 알게 된다. 영연방 국가는 지구 전체 인구의 4분의 1을 차지하며, 전 세계의 조화로운 환경 조성을 지원하는 방향으로 매해 주제가 결정된다.

【지구의날】

지구의 날(4월 22일)은 전 세계 환경 기념일 중에서도 캐나다에서 가장 성대하게 기념하는 날이다. 여기서 이날을 짚고 넘어가는 것은 캐나다의 거의 모든 학생이 나무 심기 등 지구의 날 활동에 참여하기 때문이다.

【가족의날】

앨버타주, 브리티시컬럼비아주, 뉴브런즈윅주, 온타리오주, 서스캐처원주에서는 가족의 날을 시민 휴일로 기념한다. 매니토바주에서는 레드강 반란(1869~1870년)의 메티스 지도자 루이 리엘을 기리는 날로도 알려져 있다. 루이 리엘은 매니토바법의 기초가 된 권리 장전의 초안을 작성하고, 모든 문화를 포용하는 주를 만든다는 비전에 따라 매니토바주가 캐나다의 다섯 번째 주가 되도록 하는 데 핵심적인 역할을 했다. 노바스코샤주에서는 헤리티지 데이로, 프린스 에드워드 아일랜드주에서는 아일랜더 데이로 기념한다.

이 기념일을 보면 일부 캐나다 전통이 얼마나 새로운 것인지 알 수 있다. 1996년 2월 15일에 장 크레티앵 총리는 1965년 국회의사당에 단풍잎 문양의 캐나다 국기가 최초로 걸린 것을 기념하여 매해 2월 15일을 국기의 날로 선포했다.

주별 공휴일

각 주/준주에는 고유한 역사와 문화를 반영한 별도의 법정 공휴일이나 시민 휴일이 있다. 많은 주에서 8월의 첫 번째 월요일을 헤리티지 데이 또는 주의 날로 정하여 각종 문화 활동을 진행한다.

앨버타주 가족의 날은 시민 휴일(모두가 유급 휴가를 받지는 않음)로, 2월의 세 번째 월요일이다. 이날은 1990년 당시 주지사이던 돈 게티가 아들인 데일이 코카인 소지죄로 체포되고, 중독자임이 밝혀진 다음에 선포했다. 게티 주지사는 대중 앞에서 가족에 대한 방임을 인정하고, 모든 앨버타주 주민에게 가족과 시간을 보내는 일의 중요성을 강조했다.

• 캐나다 국기의 날 제정 선언 •

"1965년 2월 15일 정오에 사상 처음으로 붉은색 단풍잎이 그려진 캐나다 국기가 게양되었습니다.

국기는 모든 캐나다 국민의 것이며, 모두가 공유하는 상징입니다.

디자인은 단순하지만, 캐나다 국기는 자유, 평화, 존중, 정의, 관용이라는 우리가 귀중하게 여기는 공동의 가치를 반영합니다. 캐나다 국기는 캐나다 국민을 하나로 결속하고 이를 세계에 보여주며, 언제나 캐나다 국민이라는 자부심을 느끼게 하는 상징입니다.

단풍잎 모양의 국기는 우리 국토에 경의를 표하고 우리의 위대한 역사를 반영하며, 국민 정체성을 나타냅니다.

따라서 우리 국기는 용기와 단호함을 갖추고 우리의 위대한 나라, 미래에 열려있는 역동적인 나라를 건설했고, 지금도 건설해 나가는 모든 배경의 캐나다 국민을 기립니다.

이에 따라, 캐나다 총리인 나, 장 크레티앵은 앞으로 2월 15일을 캐나다 국기의 날로 정하여 기념할 것을 선언합니다.

우리 국기를 자랑스러워합시다! 우리가 우리의 역사, 희망, 미래를 아우르는 캐나다라는 위대한 나라에 사는 특권을 누리고 있음을 자각합시다."

장 크레티앵, 캐나다 20대 총리

뉴펀들랜드 앤드 래브라도주에서만 기념하는 휴일을 몇 가지 살펴보자. 3월 17일과 가장 가까운 월요일은 성 패트릭(아일랜드의 수호성인) 데이이다. 또한, 개신교 아일랜드인의 뿌리를 기념하기 위해 뉴펀들랜드 앤드 래브라도주의 많은 지역에서 오렌지당 기념일(7월 12일)을 보낸다. 이날은 1690년 아일랜드 보인강 전투에서 폐위된 제임스 2세의 로마 가톨릭 군대에 맞서 개신교 세력이 승리를 거둔 일을 기념하는 날이다. 또한 영국인의 뿌리를 기념하기 위해 4월 23일과 가장 가까운 월요일에 성 조지(영국의 수호성인) 데이를 축하한다. 6월 24일과 가장 가까운 월요일에 기념하는 디스커버리 데이는 존 캐벗이 1497년에 뉴펀들랜드 앤드 래브라도주를 발견한 것을 기린다. 1997년 이후 '캐벗 500 데이'라고도 불린다.

6월 21일(하지)은 캐나다 전국에서 캐나다 원주민의 날로 지정되어 있지만, 법정 공휴일로 지정한 주는 노스웨스트준주밖에 없다. 이날이 1996년에 제정된 이유는 "… 캐나다 원주민이 캐나다 사회에 귀중한 기여를 했고, 지금도 기여하고 있으며, 매년 이런 공로를 기리고 축하하며 다양한 캐나다 원주민 문화를 인정하는 것이 적절하다고 판단"했기 때문이다.

퀘벡주에도 역사와 문화유산과 관련된 몇 가지 특이한 기

캐나다 원주민의 날에 오타와의 파우와우 댄서

넘일이 있다. 내셔널 데이 또는 성 요한 데이(프랑스어로 la Saint-Jean)라고도 불리는 세례 요한 데이는 1925년부터 퀘벡주의 법정 공휴일로 지정되었다. 6월 24일은 퀘벡주의 수호성인 세례 요한을 기리는 날이지만, 오늘날에는 퀘벡주의 음악가와 예술가가 다양한 문화 축제를 개최하여 재능을 뽐낸다. 행사의 규모는 연방 정부의 캐나다 데이 축제에 버금간다.

또 다른 퀘벡주의 특이한 기념일은 건설 휴일로, 7월 끝에서 두 번째 일요일부터 2주간 시행된다. 공식적으로 이 휴일은 건설업계에만 적용되지만, 많은 퀘벡인이 이 기간에 휴가를 떠난다. 퀘벡주에 방문하는 사람이라면 이 휴일에 유의하는 것이 좋다. 퀘벡주에서 휴가를 보내려면 이 기간만큼 좋은 때도 없지만, 야심 차게 비즈니스를 하려고 왔다면 수확이 별로 없을 것이다.

유콘준주에서는 클론다이크 금광 발견의 날이 공휴일로 지정되어 있다. 이날은 1896년 8월 17일 금광이 발견된 것을 기념한다. 이 행사는 북미 최대 규모의 골드러시였던 클론다이크 골드러시에서 유래했다. 골드러시가 절정이던 시기 도슨시 인구는 4만 명에 달했다. 골드러시가 끝나자 도시는 위축되었고, 현재 인구는 2,000명 미만이다. 그렇지만 매년 6만 명 정도의 관광객이 이 도시를 찾는다.

기타 전통

【캐나다의 하키 나이트】

모든 캐나다 국민은 매주 캐나다하키나이트[HNIC]를 시청한다. 이 프로그램은 매주 토요일 저녁에 미국과 캐나다 하키팀 리

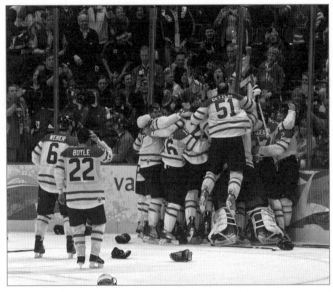

밴쿠버 동계올림픽에서 미국을 꺾고 우승한 것을 축하하는 캐나다 남자 아이스하키팀

그인 내셔널아이스하키리그^{NHL} 경기를 방송한다. 이 전통은 1959년부터 시작(라디오 방송은 1933년에 시작)되었으며, HNIC는 세계에서 가장 오래된 스포츠 방송 프로그램이다. 요즘은 캐나다 하키팀이 NHL에서 이전만큼 좋은 성적을 거두지는 못하지만, HNIC 시청률은 여전히 캐나다 방송 프로그램 중 상위권을 차지한다. HNIC 테마송은 제2의 캐나다 국가로 알려졌을 정도이다. 진짜 국가는 매 경기가 시작될 때 연주되는데,

반은 프랑스어로, 반은 영어로 부른다. 대부분 캐나다인은 어느 한 언어로 국가를 전부 부르는 것보다는 이렇게 두 언어를 반반 나눠 부르는 것에 훨씬 익숙하다.

【 졸업 반지 】

조금 더 엄숙한 전통은 아이언 링 의식이라고도 알려진 '공학자 호명 의식'이다. 이 의식은 캐나다에서 공식적으로 특허를 보유하고 있으며, 캐나다에서만 볼 수 있다.

1922년에 캐나다 공학학회의 전 회장 7명이 몬트리올에서

만났다. 이 중에서 H. E. T. 홀테인 토론토대학교 토목공학 교수는 캐나다의 공학자를 규합할 무언가가 필요하다고 생각했다. 그는 공학자를 시의 소재로 삼은 러디어드 키플링에게 편지를 써서 캐나다 공학자의 윤리 선언문으로 삼을 수 있는 선언과 의식을 고안해 달라고 부탁했다. 이에 키플링은 열정을 갖고 임했고, 1923년에 '공학자 호명 의식'과 함께 '7 학장 회의'를 만들었다. 세부적인 의식 내용은 대학마다 다르지만, 언제나 키플링의 원본 비전에 기초한다.

이 의식에는 아이언 링(학교 반지의 일종) 수여식이 포함된다. 이 반지에는 의식 중 공학자의 맹세를 고조시키는 미신이 있다. 첫 번째로 수여된 반지는 설계 공학자의 계산 오류로 1907년 건설 중에 무너진 퀘벡교의 잔해로 만들어졌다는 것이다. 퀘벡교의 재설계가 이루어졌지만, 1916년에 중앙부의 트러스가 인양 작업 중 낙하하여 또다시 붕괴했다. 이후 퀘벡교가 완공된 것은 1917년이었다.

최초의 공학자 호명 의식은 1925년 토론토대학교에서 열렸다. 이는 자발적인 의식이며 공학자로 일할 권리를 부여하는 것은 아니다. 학위는 별도의 졸업식에서 수여한다. 이 행사의 목적은 공학자로 하여금 공학자로서의 윤리와 사회적 의무, 최고의 이상을 엄격하게 지키겠다는 목표를 되새기게 하고 습득한 지식과 기술로 겸손하게 사회에 복무하게 만드는 것이다.

【 축제 】

길고 더운 여름에는 캐나다 전국에서 지역 문화유산, 전통, 문화, 예술을 뽐내는 다양한 문화 축제가 펼쳐진다. 밴쿠버의 용선 축제(6월), 캘거리 스탬피드(7월), 뉴브런즈윅주의 아카디아

토론토 국제 용선 축제 중 경기 모습

앨버타주 캘거리 스탬피드 퍼레이드에서 행진하는 백파이프 연주자들

퀘벡시 윈터 카니발 기간에 아브라함 평원에서 스노우 튜브를 즐기는 모습

축제(8월)가 가장 크고 잘 알려진 축제이다. 추운 겨울에도 윈터 카니발(퀘벡시), 윈터루드(오타와) 등 여러 도시에서 다양한 행사를 개최한다. 더 모험을 즐기고 싶다면 과거 퍼스트 네이션 사람들과 모피 사냥꾼이 이용했던 약 515킬로미터 길이의 트랙을 그대로 사용하여 2월 말에 열리는 서스캐처원주의 캐나다 챌린지 개썰매 경주에 참여해 보는 것도 좋다.

〔마당 세일 〕

여름 주말에 드라이브하다 보면 '마당 세일'과 마주칠 수 있다. 마당 세일은 캐나다에서 흔히 볼 수 있다. 캐나다에서는 자기 앞마당에 간판을 세우고 오래된 물건을 길가에 늘어놓고 레모네이드나 아이스티를 함께 준비하여 손님을 기다리는 게 합법이다. 어떤 경우는 규모가 작고 가족끼리 하는가 하면, 다른 경우는 이웃이나 커뮤니티 센터, 기타 지역 단체 등을 통해 큰 규모로 진행하기도 한다.

〔베리 수확 체험 〕

또 다른 인기 주말 활동은 베리 수확 체험이다. 여름부터 초가을까지 딸기로 시작해서 체리, 사과, 복숭아 등 각종 베리류와 과일이 수확할 정도로 익는다. 퀘벡주 라크생장의 블루베리나 산딸기처럼 야생에서 자라는 과일도 따러 가지만, 대개는 제철 과일 수확 체험을 위해 지역 농장을 찾는다. 수확한 양만큼 돈을 내면 과일을 집으로 가져가 파이나 잼을 만들거나 신선한 상태로 크림에 찍어 먹을 수 있다.

04

친구 사귀기

우정은 함께 있는 것이 즐거우면 시작되고, 그것이 전부이다. 우정의 형태는 깊고 장기적인 관계일 수도 있고, 스포츠같이 공통 관심사에 바탕을 둔, 좀 더 피상적이거나 서로 함께 있는 것을 단순히 즐기는 관계일 수도 있다. 방문객이 어떻게든 캐나다인 친구를 사귀려면 그들과 계속 연락을 주고받을 수 있는 공통의 관심사를 나눠야 한다.

우정

캐나다인은 자유 시간 대부분을 가족에 할애한다. 친구 관계의 경우 가족과 '절친한' 친구로 이루어진 친밀한 그룹과 1년에 한 번 볼 정도인 사이의 친구까지 층위가 다양하다. 그렇다고 캐나다인이 폐쇄적인 친구 관계를 맺는 것은 아니다. 우정은 함께 있는 것이 즐거우면 시작되고, 그것이 전부이다. 우정의 형태는 깊고 장기적인 관계일 수도 있고, 스포츠같이 공통 관심사에 바탕을 둔, 좀 더 피상적이거나 서로 함께 있는 것을 단순히 즐기는 관계일 수도 있다. 캐나다인은 학교 동아리와 교내외 활동, 직장, 종교 시설, 자기가 사는 동네에서 친구를 사귄다. 평생에 걸쳐 친구 관계가 변화하므로 사회적 관계도 유연하다.

이는 캐나다인이 대체로 새로운 사람을 만나 친구를 새로 사귀는 데 익숙하다는 의미이므로 방문객에게는 희소식이 아닐 수 없다.

방문객이 어떻게든 캐나다인 친구를 사귀려면 그들과 계속 연락을 주고받을 수 있는 공통의 관심사를 나눠야 한다. 조건만 갖춰진다면 저녁에 바에서 즐겁게 토론을 시작할 수도 있

다. 업무, 스포츠, 독서 모임이나 그림 그리기 모임처럼 지적이
거나 예술적인 활동을 통해 연락을 주고받을 수 있다. 그러나
비즈니스 목적의 캐나다 방문객조차 캐나다인이 얼마나 친근
하고 사귀기 쉬운지 알아볼 정도이다. 비교적 드문 일이기는
하지만, 꼭 가까운 친구가 아니더라도 누군가의 집에 초대받아
저녁 식사를 하거나 술자리를 갖기도 한다. 그리고 그보다는
금요일에 캐나다인 동료들과 업무 후 회식 자리에 초대받는 일
이 더 많다. 주말에 자기 시골집으로 가까운 친구나 동료를 초
대하여 함께 하루 이틀 정도 시간을 보내자고 하거나, 친구들
끼리 모여 시골집을 빌린 뒤 연휴나 짧은 여름휴가를 같이 보
내기도 한다. 여름에는 보통 친구와 야외에서 산악자전거 타
기, 트레킹, 호수에서 카누 타기, 급류 타기, 패들보드, 비치 발
리볼 등을 즐기고, 겨울에는 스케이트, 스키, 스노보드 타기를
즐긴다. 젊고 싱글인 사람들끼리는 같이 해외여행을 가서 요
가 수련, 해변 즐기기, 스쿠버 다이빙, 보트 타기 등의 활동을
같이 예약하여 즐긴다.

집으로의 초대

캐나다인은 집에서 손님을 접대하기를 즐긴다. 누군가의 집에 초대받았다면, 십중팔구 술자리나 가족과 간단한 식사 등 편안한 자리일 것이다. 집주인을 위해 와인, 꽃, 식물 등 작은 선물을 준비해 가는 것이 관례이다. 서로를 매우 잘 아는 사이가 아니라면, 연락도 없이 찾아가는 일은 하지 말아야 한다. 캐나다에서는 가족조차도 미리 연락하고 방문할 정도이다.

초대받은 집에 도착하면 대부분 집에서는 신발을 벗어야

브리티시컬럼비아주 휘슬러의 스키 리조트 내 레스토랑에 모인 친구들

한다. 겨울에 캐나다에서는 질척거리는 눈과 빙판길을 다니기 위해 부츠나 고무로 된 덧신을 신는다. 이런 신발은 열기가 빠지지 않고 지저분하며 패셔너블하지도 않기 때문에, 비닐봉지에 사무실이나 집에서 신을 실내용 신발을 들고 다닌다. 특히 다른 사람 집에서는 바깥의 눈과 염분을 거실 러그에 묻히지 않기 위해서라도 부츠를 벗어야 한다. 맨발이나 양말 차림으로 저녁 시간을 보내는 것이 불편하다면, 여름이라도 실내용 신발을 가지고 가면 된다. 그리 드문 일은 아니니 말이다. 일부 아시아 국가에서처럼 손님이 신을 슬리퍼를 내주지는 않는다.

한 가지 작은 팁을 주자면, 화장실을 써야 할 때 영어로 '워시룸washroom'(세면장을 의미-옮긴이)이나 '배스룸bathroom'(욕실을 의미-옮긴이)이 어디인지를 묻는 것이 좋다. '토일렛toilet'(화장실을 의미-옮긴이)이라는 단어는 캐나다에서 공손한 표현이 아니다. 그렇지만 모두가 여러분이 어디에 가고 싶은지는 이해할 것이다.

훌륭한 매너

캐나다인은 머리끝부터 발끝까지 예의 바르다. 영어로 '플리즈

please'(정중하게 부탁할 때 쓰는 말 - 옮긴이)나 '땡큐^{thank you}'(고맙다는 의미 - 옮긴이)를 거의 매번 써야 하는 건 당연하고, "설탕 좀 건네주시겠어요?"라고 하면 "고마워요."라는 말을 꼭 해야 하고, 그다음에는 "천만에요."라는 말이 뒤따라야 한다. 캐나다인은 자기가 하는 말이 다른 사람에게 어떤 영향을 주는지를 의식한다. 어린아이들도 자기의 개인 공간과 다른 사람의 공간적 요구를 어떻게 존중해야 하는지를 배운다. 모두는 아니지만, 캐나다인 대부분은 식당에서 서비스가 좋지 않을 때 불평하는 일은 상상도 못 한다. 갈등을 피하는 것을 선호하기 때문이다. 분란을 일으키기보다는 종업원에게 팁을 주지 않거나 그 식당에 다시는 가지 않는 방법을 택한다.

즉, 캐나다를 방문하던 중에 뭔가 거슬리는 느낌을 받는다면, 필시 무례하거나 공격적인 행동 때문이 아닐 것이다. 그리고 사회적으로 큰 실수를 하게 되더라도 아무도 얘기해 주지 않을 것이기 때문에 실수했다는 사실을 알아차리지 못할 수 있다! 그렇다고 이를 심각하게 받아들일 필요는 없다. 캐나다에는 다양한 국적의 사람이 살고 있고, 모두가 다르게 행동하기 때문이다. 그렇지만 기본적으로 캐나다인은 공손하고 온화하면 좋게 본다. 사람들의 기분을 상하게 한 것 같다면, 솔직하게 사과하면 된다. 그러면 용서받을 것이다. 그래도 불안할 수 있으니, 캐나다인을 상대할 때 조심해야 할 몇 가지 주의사항을 설명하겠다.

어떤 방문객은 캐나다인이 온갖 개인적이거나 깊은 이야기를 하는 데 얼마나 개방적인지에 관해 말한다. 금기시되는 것(다음 쪽 참조)이 있긴 하지만, 캐나다인은 기꺼이 어려운 주제에 관해 이야기하거나 토론하고 자기 의견을 나눈다. 직접적인 질문을 던질 때 캐나다인은 상대방이 답변해야 하는 상황을 만들지 않기 위해 조심한다. 만약 캐나다인이 직접적인 질문을 받았다면 솔직하게, 또는 가능한 한 솔직하게 대답하기는 할 것이다. 따라서 특히 사생활과 관련된 질문을 직접적으로 하는 것은 상당히 민감한 일이다. 그러나 누군가가 먼저 그런 주제로 이야기하기 시작했다면, 풍부한 대화가 이어지겠다고 생각하면 된다. 예를 들어, 캐나다인은 "언제 새 남자친구를 사귈 거야?"와 같은 질문을 하지는 않을 것이다. 그렇지만 이에 관한 정보를 준다면 대화의 문이 활짝 열리게 되고, 그렇게 대화를 나누면 된다.

캐나다인과 토론하면서 어떤 주장을 하고 싶으면 '적극적으로 주장'하는 방법을 택해서는 안 된다. 캐나다인은 경청을 잘

하고 자기 생각을 온건하게 제시하며 가능하면 약간의 유머를 섞는 사람을 좋아한다. 캐나다인이 토론을 즐기기는 하지만, 모두가 자기 의견을 나누는 것일 뿐이고, 누군가의 의견에 동의하지 않을 수 있음을 인정하는 것도 괜찮다는 점을 명심하면 된다. 프랑스계 캐나다인은 훨씬 감정적이고 보디랭귀지와 표현을 많이 쓴다. 그러나 이들도 캐나다 영어권 지역 사람처럼 예의 바르다. 최근에는 남쪽 국경 지역에서 퍼진 '워크' 문화를 받아들인 사람들이 있어서 그 자리에 있는 누군가의 기분을 상하게 하거나 그 사람에게 민감할 수 있는 특정 주제에 관한 대화를 시작하는 게 어려워지고 있다. 따라서 호스트가 대화 주제를 선택하도록 하고 어느 것에 관해서도 강하게 주장을 펼치지 않는 것이 좋다.

사무실같이 공식적인 자리에서는 성별을 불문하고 악수하는 것이 보통이다. 다만 영어를 쓰는 캐나다인은 프랑스어를 쓰는 캐나다인보다 신체 접촉이 덜한 편이다. 영어권 캐나다인 친구라면 편한 상황에서 서로에게 "안녕."이라고만 할 것이다. 프랑스어권 캐나다인 남성(직장 동료, 친구, 지인)은 언제나 악수를 청할 것이다. 편한 자리에서 친구 사이, 남성과 여성, 두 여성 사이라면 볼 키스를 두 번씩 할 것이다. 가족의 경우 입술에 키스할 수도 있다. 이모나 고모가 성인 조카들에게 하듯이 말이다. 그렇지만 새로운 사람에게는 악수를 굳게 하는 것이면 충분하다.

금기

캐나다를 비난하거나 캐나다인과 미국인이 얼마나 비슷한지 강조하는 일은 대화를 중단하게 만든다. 호스트의 심기를 거스르는 또 다른 방법은 캐나다가 다문화 정책을 열심히 펼쳤어도 캐나다 선주민이 얼마나 불평등한 대우를 받는지 지적하는 것이다. 또한 캐나다 보건의료 체계의 질과 비용에 문제를 제기하는 것도 캐나다인에게 좋은 점수를 받지는 못할 것이다. 다른 사람의 종교적 신념에 관한 질문도 금기이다. 종교는 매우 사적인 것으로 보기 때문이다.

캐나다에서 사회나 문화 집단에 관한 논란이나 비하 발언, 특히 인종, 나이, 성별 혹은 성적 지향에 관한 내용 대부분은 대화 시 금기 사항이다. 이런 감수성은 공공시설에 사용되는 기호와 사람 이름에 쓰는 대명사에도 반영되어 있다. 그래서 제임스는 '그', 줄리는 '그녀', 멜리다는 '그들'이라고 스스로 정체성을 표현한다. 워크 문화는 이런 금기 사항을 극단적으로 받아들인 것이다. 2014년 토론토 교육청에서는 노벨상 수상자인 나디아 무라드(IS 성노예)의 연설을 취소했는데, 이슬람 혐오를 부추기는 것으로 여겨질 수 있다는 게 이유였다.

개인적인 대화에서 돈이나 연봉만큼 정치적 성향도 질문 주제로 삼기에 부적절하다. 특히 팬데믹, 그리고 백신을 맞아야 한다는 압박이 있었던 터라 일부 정치적 주제는 금기시되고 있다.

그렇지만 정중하고 공손하게 질문한다면 그 어떤 주제에 관해서도 질문할 수 있다. 대화 중에 불편한 기미가 보인다면, 그냥 대화 주제를 바꾸면 된다.

캐나다식 유머

캐나다인은 실컷 웃을 수 있는 것을 매우 좋아한다. 이는 캐나다에 전 세계에서 유일하게 코미디 글쓰기 및 공연에 관한 고등 교육 학위(토론토 험버대학)가 있고, 프랑스어와 영어로 진행되

몬트리올 웃음 축제에서 할리퀸으로 분장한 쌍둥이

는 유명한 웃음 축제(영어로 Just for Laughs, 프랑스어로 Juste Pour Rire)
가 몬트리올에서 열린다는 점을 보면 알 수 있다.

캐나다인은 스탠드업 코미디의 엄청난 팬이다. 전국적인 코
미디 클럽 체인인 Yuk Yuk's에서는 1970년대에 토론토에서 마
크 브레슬린과 제프 실버먼이 처음 문을 열었을 때부터 무삭
제 코미디를 라이브로 공연한다. 다른 유명한 코미디 클럽으
로는 더 세컨드 시티, 코너 코미디 클럽, 코미디 바 등이 있다.

그러나 너무나 당연하게도 캐나다식 농담은 다른 사람을

비웃거나 조롱하지 않는 편이다. 예외가 있다면 미국인인데, 특히 미국인이 캐나다와 캐나다인에 대해 보이는 무지를 겨냥한다. 스탠드업 코미디나 대중문화에서는 다른 예외도 찾아볼 수 있다. 인도계 캐나다인인 러셀 피터스 같은 코미디언은 현재 지배적인 워크 문화에 반대되는, PC(정치적 올바름-옮긴이)를 지키지 않는 소수 민족을 겨냥한 농담으로 유명해졌다. 「김 씨네 편의점」처럼 매우 인기가 많은 TV 시리즈도 인종차별과 문화적인 실수를 했다고 많이 비난받았다.

그리고 프랑스어권과 영어권 캐나다식 유머 모두에는 사회적 관행이나 믿음을 겨냥한 풍자 전통이 있다. 최근 정치 풍자 TV 프로그램을 예로 들면 「이 시간은 22분밖에 없다^{This Hour Has 22 Minutes}」(30분짜리 TV 프로그램의 실제 방송 시간이 광고 8분을 제외하고 22분밖에 되지 않는 데서 비롯함-옮긴이), 「왕립 캐나다 공극^{Royal Canadian Air Farce}」(원래 '공군'은 Air Force이나, Force를 익살극을 뜻하는 Farce로 바꾼 언어유희-옮긴이), 「레 부공^{Les Bougon}」(퀘벡주 시트콤-옮긴이) 등이 있다. 이런 데 등장하는 캐나다인은 사뭇 진지하고 성실해 보이지만, 자기 지도자나 미국인을 향해 상당히 팬찮은 잽을 날리곤 한다.

할리우드 코미디 팬은 「총알 탄 사나이」의 레슬리 닐슨, 「오스틴 파워: 제로」의 마이크 마이어스, 「에이스 벤츄라」의 짐 캐리, 「롱 샷」의 세스 로건, 톰 그린 등등 자기가 정말 좋아하는 배우가 캐나다 출신이라는 사실을 잘 모르는 경우가 많다. 원래 캐나다 공영 방송국 CBC의 시트콤이었던 「시트 크릭」(유진 레비, 댄 레비, 프레드 레비 제작)에는 캐서린 오하라, 애니 머피, 유진 레비, 댄 레비 등 재능 있는 캐나다 코미디언이 많이 등장한다. 이 시트콤은 전 세계 시청자의 마음을 사로잡았으며, 2017년부터 넷플릭스 등의 시청 플랫폼에도 등장했다. 게다가 2020년에 마지막 시즌이 에미상 최다 노미네이트 기록을 경신(15개 부문)했다.

05

일상생활

캐나다인의 일상을 보면 캐나다가 크지만 매우 작은 국가라는 모순이 나타난다. 캐나다의 영토는 매우 넓지만, 인구수는 적다. 크고 현대적인 도시가 있지만, 분위기는 소도시이다. 영토의 광활함을 인지하고 있는 캐나다인들은 자기 집, 지역 사회, 도시에 많은 에너지를 쏟는다.

살기 좋은 도시

캐나다 인구의 4분의 3이 도시에 거주하지만, 대도시는 몬트리올, 토론토, 캘거리 세 군데뿐이다. 이런 대도시도 미국 대도시와 비교하면 규모가 작다. 그렇지만 인구수로 따지면 토론토는 북미에서 네 번째로 인구가 많고, 몬트리올은 여덟 번째로 많다. 캐나다의 도시는 조밀하고 역동적이며 쾌적하고 여러 국적의 사람들이 섞여 살며, 상업 시설과 공공 서비스가 잘 갖춰져 있다. 사람이 살고 일하며 노는 곳이 도시라는 개념은 유럽식 도시 모델에 더 가깝다. 그리고 캐나다의 도시에는 녹지도 매우 많다. 그래서 토론토는 '공원 속 도시'라고 불릴 정도이다.

캐나다인의 일상을 보면 캐나다가 크지만 매우 작은 국가라는 모순이 나타난다. 캐나다의 영토는 매우 넓지만, 인구수는 적다. 크고 현대적인 도시가 있지만, 분위기는 소도시이다. 영토의 광활함을 인지하고 있는 캐나다인들은 자기 집, 지역 사회, 도시에 많은 에너지를 쏟는다.

• 큰 것 vs. 작은 것 •

소규모 도시에서 커다란 것을 만들어 관광객을 끌어들이는 현상이 있다. 다만 이는 큰 나라의 지도에 하나의 점으로만 표시되는 것에 대한 반발심일 수도 있다. 몇 가지 예를 살펴보자.

- 앨버타주 글렌든(인구수 459명)에는 세계 최대의 피에로기(우크라이나식 만두)가 포크에 꽂혀있는 조형물이 있다. 유리섬유와 강철로 만들어진 피에로기는 높이가 8.2미터, 너비가 3.7미터, 무게가 2,722킬로그램이다.

- 온타리오주 문빔(인구수 약 1,200명)에는 대형 비행접시(우주선)가 있다. 지름은 5.5미터이고 높이는 2.7미터이다.

- 서스캐처원주 데이비드슨(인구수 약 1,000명)에서는 지역 주민들이 도시의 친절과 환대를 강조하려고 높이 7.3미터에 달하는 커피포트와 컵 조형물을 세웠다.

- 온타리오주 크라마헤 지역에 있는 콜본이라는 마을에는 '미스터 애플 헤드'라고 불리는 높이 12미터, 너비 11.5미터에 달하는 사과 모양의 구조물이 있다. 이 거대한 '빅 애플' 단지에는 제과점(사과로 만든 제품 판매), 식당, 놀이공원, 소풍 공간, 방문객이 실제로 동물을 만지고 먹이도 줄 수 있는 동물원 등이 있다.

'공원 속 도시' 토론토

안락한 집

캐나다인 중 약 3분의 2가 주택을 소유하고 있다. 이 중에서
압도적 다수가 단독 주택에 산다. 인구가 더 많은 도심 지역에
는 연립 주택, '듀플렉스'(한 지붕 아래 2개 주택이 있는 형태), 임대 아
파트 단지가 있다. 콘도미니엄(사적으로 소유하는 아파트)도 대도시
에서 인기가 많다. 특히 도심에서 일하면서 직장, 쇼핑 공간과
엔터테인먼트 시설과 가까운 곳에 살기 원하는 젊은 전문직
종사자가 선호한다. 고층 콘도미니엄은 대체로 도시 중심부에

교외 전원 풍경. 몬트리올의 잘 꾸며놓은 단독 주택

있으며, 그 수가 점점 늘고 있어 수직적 도시화의 전형을 보여
주고 있다.

캐나다에서는 집의 크기가 중요하다. 기나긴 겨울 동안 난
방비가 많이 들기 때문에, 작은 집에 사는 것이 경제적으로 합
리적이다. 캐나다 주택은 겨울에 단열과 난방이 잘되고 안락
한 느낌을 준다. 캐나다인은 자기가 소유하여 살거나 임대하
는 주택에 자부심을 느끼기 때문에 집 관리도 잘하는 편이다.
현관의 꽃과 완벽하게 정돈된 잔디는 여름에 흔히 볼 수 있는
풍경이다.

그리고 캐나다인은 집이 안락하기를 바란다. 주방은 각종

집기가 잘 갖춰지고 크기가 큰 것이 기본이고, 주방이 가족 활동의 중심지 역할을 한다. 모든 훌륭한 파티는 언제나 주방에서 열리게 되기 때문이다. TV 실이라고도 불리는 가족실, 편히 쉴 수 있는 방, 서재, '오락실'(레크리에이션 전용 방) 등이 있을 수 있다. 대부분 단독 주택에는 반지하가 있어서 이를 세탁실, 작업실, 창고, TV 실이나 청소년이 노는 곳으로 활용한다. 아니면 반지하에 세를 놓는 경우도 있다.

캐나다인은 목욕보다는 샤워를 좋아한다. 누군가는 변기와 욕조/샤워 부스가 모두 한곳에 있다는 점에 놀랄 수도 있다. 캐나다에서 화장실은 파우더룸으로 불리기도 한다. 또는 하프배스half bath나 게스트 화장실로도 불리는데, 주로 1층에 위치하며 보통 세면대와 변기만 놓여있다.

단독 주택에는 보통 앞마당과 뒷마당(또는 텃밭)이 있고, 뒷마당 어딘가에는 바비큐 공간이 있기도 하다. 보통은 마당에 울타리를 치지 않는다. 그래서 각 주택 간의 경계가 거의 안 보이지만, 모두들 어디가 어디인지 잘 안다. 캐나다인은 타인의 공간을 매우 존중하기 때문에, 야외용 접이식 의자를 '빌리러' 간다 해도 초대받지 않은 채로 남의 영역에 발을 들이는 일은 상상할 수 없다. 수영장이 있는 곳(겨울이 길기는 하지만, 캐나다의 여름은 매우 더워서 많은 사람이 수영장을 갖고 있다)의 경우, 수영장을 지상에 설치하는데 이는 설치 비용이 훨씬 싸고 관리하기가 더 수월하기 때문이다. 캐나다 주택의 또 다른 특징은 바로 이런 '저렴하고 실용적인' 측면이다. 예를 들면, 많은 주택의 외관 마감재는 나무 느낌이 나는 비닐 제품(비닐 사이딩)이다. 진짜 목재나 벽돌을 쓰는 것보다 저렴하고, 눈보라와 추위뿐만 아니라 여름 태양 아래 더위도 견디고 페인트칠할 필요가 없어 관리가 쉽기 때문이다.

전기는 미국처럼 110~120V, 60Hz(또는 난로처럼 전력 소모가 많은 가전제품은 500V)를 사용한다. 콘센트 플러그는 미국식의 3핀 콘센트(11자 핀과 원형 핀으로 구성)와 11자 콘센트 두 종류를 사용한다.

가족

캐나다 사회는 어떤 구성의 가족이든 가족 단위가 사회적 삶의 기초가 되는, 전통적으로 가족 중심적인 사회이다. 그래서 가족끼리 휴가를 같이 가거나 시골집 또는 누군가의 집에서

몬트리올 맥길대학교 캠퍼스의 젊은 가족

다 같이 모여 휴가 기간 중 일부라도 같이 지내는 일이 흔하
다. 그러나 이런 모습도 변화하고 있다. 가족의 규모는 점점 작
아지고(캐나다 전국적으로 한 가구당 자녀 수가 평균 1.7명으로, 캐나다 이민
정책의 배경이 이해가 간다), 커플이 아이를 갖기까지 걸리는 시간
은 점점 더 길어졌다. 2021년에 1050만 가구 중 65%가 맞벌
이 가구였고, 19%는 사실혼 관계(동거는 하지만 결혼하지 않은 커플)
였으며, 16%가 1인 가구 및 단독 가구(한부모 가정이거나 이전 결혼
에서 태어난 자녀가 함께 사는 혼합 가정)였다. 2003년에 동성혼이 합
법화되면서, 점점 많은 동성 커플이 자녀를 양육하고 있다.

가족 식사는 캐나다 가정에서 매우 일상적인 일이다. 아침(시리얼이나 토스트로 식사)은 보통 가족이 같이 먹는다. 아이들은 점심시간에 집으로 오지 않고 도시락(또는 중등학교의 경우 구내식당 이용)을 먹는다. 직장을 다니는 근로자의 경우 대부분 점심시간은 짧기 때문에 집에서 샌드위치를 싸 가거나 밖에서 간단히 먹고 돌아온다. 그리고 저녁을 같이 먹으려고 하는 가정이 많다. 식사 시간은 오후 6시나 7시쯤으로 비교적 이르다. 1년 중 저녁 시간 활동 대부분을 차지하는 것은 학교 숙제와 TV 보기 등이다. 특히 주말이라면 저녁을 먹고 동네를 한 바퀴 산책하기도 한다. 또 다른 일상적인 활동은 커다란 마트로 식료품 쇼핑을 하러 가는 것이다. 집의 냉장고 크기가 크기 때문에 일주일에 한 번 장을 봐서 채우는 것이 가능하다. 또한 수입 식품 등 사치품을 사기 위해 전문 판매점에 가기도 하고 주말에 열리는 지역 농산물 시장에 가기도 한다.

코로나19 팬데믹은 캐나다인의 식료품 쇼핑 습관을 하루아침에 바꿔놓았다. 기존에 저녁 식사로 피자를 포장해 오는 것에 더해 밀키트(일정 분량의 조리되지 않은 재료를 포장하여 조리 방법과 함께 제공하는 제품) 수요가 늘었다. 리추얼 Ritual, 도어대시 DoorDash, 푸도라 Foodora, 스킵더디시 SkipTheDishes(캐나다 최고 인기 주문 배달 앱), 리

틀시저스^{Little Caesars}(피자 주문 앱으로 사용자 수가 500만 명이 넘는다), 팀 홀튼^{Tim Hortons} 같은 커피숍 등 앱으로 음식을 주문하는 일은 팬데믹 기간 동안 일상으로 자리 잡았다.

캐나다 가정의 큰 고민거리 중 하나는 맞벌이가 자녀 양육에 미치는 영향이다. 캐나다인은 오랜 시간 일하며 휴일도 매우 적다(7장 참조). 전업주부의 수가 상당히 급격하게 줄어듦에 따라 이것이 아동에 미치는 영향이 공개적으로 논의되는 주요 주제이기도 하고, 수많은 연구, 보고서, 기사, 토론에서 이를 다루었다. 2016년에 전체 어머니의 4분의 3이 직업을 갖고 있었고, 이 중 4분의 3이 정규직으로 일했다. 팬데믹은 일하는 부모에게 추가적인 문제를 안겨주었다. 바로 재택근무를 하면서 온라인으로 학습하는 자녀를 돌보고 가사 노동과 음식 준비 등 모든 것을 틈날 때마다 해야 한다는 것이다. 이런 현실이 불과 2개월(2020년 2월부터 4월) 만에 여성의 4.7%를 노동인구에서 떨어져 나가게 했을지도 모르겠다.

일반적으로 캐나다에서 조부모는 손주 돌봄에 거의 참여하지 않는다. 80% 이상이 손주와 함께 살지 않기 때문이다. 조부모는 자기 집이나 별장에서, 혹은 여행을 다니며 은퇴 생활을 즐기는 편이다. 그렇기에 아이들은 매우 비싼 보육 시설(민간이 운영하는 곳은 더 비쌈)에 다닐 수밖에 없다.

캐나다 가정에서는 대체로 가사 노동을 나눠서 하지만, 완전히 동등하게 역할을 나눈다고 하기는 어렵다. 다른 많은 국가에서처럼 여성이 가사 노동과 자녀 양육의 부담을 더 많이 진다. 캐나다 여성은 다른 선진국 여성과 마찬가지로 일을 하며 아이를 키우는 바쁜 삶에서 오는 스트레스를 토로한다.

【 아동 돌봄 문제 】

캐나다에서 아이를 키우려면 비용이 꽤 많이 든다. 아이가 18세가 될 때까지 매년 한화로 약 990만 원에서 1500만 원 정도가 든다. 캐나다에는 원주민, 군인, 귀화 가정 등을 위한 특별 프로그램을 제외하고는 아동 돌봄을 위한 국가적인 프로그램이나 정책이 없다. 그래서 2022년 3월에 국가 차원에서 저소득층 가정에 하루 약 8,000원의 아동 돌봄 보조금을 지급하기로 한 것이 주요한 돌봄 정책으로 여겨진다.

일하는 어머니에게 아이 돌봄은 비용과 가능성 측면을 고민하게 만드는 주된 문제이다. 생후 18개월에서 5세까지의 아동의 경우, 아동 돌봄 서비스에 대한 수요는 실제 공급을 훨씬 웃돈다. 이 연령대의 아이 절반 정도가 탁아소에 다니는데, 대부분은 민간이 운영하는 영리 시설이다. 정부가 지원하는 탁아소의 수(전체 수요의 20%만 충족)는 서유럽 평균에도 못 미친다.

2022년에 퀘벡주 정부에서는 탁아소 이용을 보조하기 위해 하루 약 8,300원의 보조금을 지급하기로 했지만, 이는 수요의 20%만 충족할 뿐이다. 보조금을 받지 않고 탁아소를 이용할 때 드는 하루 비용은 약 3만 5,000원에서 5만 9,000원 사이다. 다른 곳에서는 대체로 아동 돌봄을 각 가정과 민간 부문의 공급 간에 이루어지는 사적인 의무라고 여긴다. 오늘날 연방 정부는 공공 돌봄 시스템 운영에 필요하지만 비용이 많이 드는 대규모 관료 조직을 만드는 것에 조심스러운 태도를 보인다. 그래서 그렇게 하는 대신, 정부에서는 자녀의 나이가 6세 미만인 가정에 재정 지원을 제공한다.

아동 돌봄 서비스에 대한 요구는 아이가 학령기에 접어든다고 끝나는 것이 아니다. 따라서 6세에서 12세 아동을 대상으로 주로 민간 부문에서 등교 전과 방과 후 프로그램 네트워크를 제공한다. 대부분 활동은 학교 건물 내에서 이루어진다. '열쇠 어린이latchkey children'(오후 시간을 집이나 공립 도서관에서 혼자 보내는 어린이) 현상이 문제로 대두되기 시작한 것은 어머니들이 대규모로 노동 시장에 참가하기 시작한 1980년대이다. 코로나19

팬데믹은 하루아침에 새로운 세대의 열쇠 어린이를 만들어 냈다. 방과 후 프로그램이 취소되거나 축소되고, 비용도 더 비싸졌기 때문이다.

여름 캠프와 직업의식

그리고 여름방학이 있다. 초중등 교육 과정의 아이들은 여름방학 기간이 3개월인데, 부모는 1년에 2~3주밖에 쉬지 못한다. 그래서 매우 큰 '캠프' 산업이 발달했다. 일일 캠프와 기숙 캠프, 스포츠, 야외 체험 활동, 과학, 언어, 창의적인 예술 활동, 박물관 체험 등에 초점을 맞춘 캠프 등 온갖 캠프가 성행한다. 캠프에는 어린이가 참가하고, 그런 캠프를 운영하는 것은 청소년이다. 이 시스템에서 청소년은 여름방학에 일자리를 구할 수 있을 뿐만 아니라 돈도 벌고, 나중에 이력서에 넣을 수 있는 기술과 경험을 습득하게 된다.

　캐나다인의 직업의식은 일찌감치 형성된다. 거의 절반에 달하는 중등 학교 학생이 일을 하며 임금을 받는다. 여학생은 보모 일을 하는 경우가 많고, 남학생은 신문 배달 일을 하는 경우가 많다. 조금 더 나이가 있는 청소년은 식당이나 소매점에서 일하기도 한다. 걱정 없이 자라야 할 청소년기에 이들을 '학대'한다고 눈살 찌푸리는 사람을 위해 말하자면, 일을 전혀 하지 않는 학생이 일하는 학생에 비해 고등학교에서 중퇴할 확률이 더 높다는 통계가 있다. 또 한편으로는 공부보다 일하는 데 더 집중한 고등학생 역시 중퇴할 확률이 높다. 이를 가르는 것은 종이 한 장 차이임이 분명하다. 대학생의 여름방학 기간은 4개월로, 모두가 여름에 일을 한다. 그리고 자기 생계를 책임지기 위해 평소에 시간제로 일하기도 한다.

[코로나19와 집에서의 삶]

코로나19 팬데믹으로 모든 것이 변했다. 2020년 초에 봉쇄가 시작되면서 수백만 명의 사무직 근로자와 학령기의 자녀, 대학생이 집에 머물러야 했고, 모든 활동을 온라인으로 전환해야 했다. 그러나 이는 엄청난 변화의 서막에 불과했다. 집에서 일하고 공부하는 생활 방식은 하루아침에 익숙해질 수 있는 것이 아니었고, 모두가 행복한 것도 아니었다. 갑자기 사람들은 가족과 공존하고 서로를 방해하지 않으려면 더 많은 공간이 필요하다는 점을 깨달았다. 많은 캐나다인이 도심 주택을 팔거나 임대 아파트를 떠나 교외의 부모님 댁으로 돌아가거나 더 큰 주택에 투자했고, 심지어는 더 먼 곳으로 이사 갔다. 부동산 가격이 폭등했고, 그에 따라 저렴하게 주택을 구입할 가능성도 급락했다. 맞벌이 부부와 2명의 학령기 자녀가 있는 가정에는 컴퓨터 네 대가 필요하게 되었다. 그리고 성인은 온라인으로 공부하는 자녀를 감독하는 것에 더해 집안일까지 해야 했다. 여름 캠프가 중지되자 일하는 부모들은 자녀의 활동을 조율하는 데 애를 먹었다. 혼자 사는 성인은 이전처럼 친구, 동료를 물리적으로 만나지 못해 고립감을 느꼈다. 많은 이들이 반려동물을 들이거나 링크드인, 레딧, 인스타그램 등 소셜미디어 플랫폼에서 활발하게 활동하고 온라인 데이팅에 나서기 시작했다. 기존 데이팅 앱인 틴더, 범블, 바두, 그리고 인기가 많은 플렌티오브피시 캐나다 버전 말고도 틈새 데이팅 앱이 새롭게 많이 생겼다. 여기에는 엘리트싱글스, 이하모니, 프렌즈데이트 캐나다 버전, 러브스트럭, 메이플매치 등이 있다. 수백만 명이 이런 앱에 가입해서 새로운 친구와 연인을 찾고, 새로운 사람을 만난다.

그렇지만 재정 문제로 인한 스트레스, 일상생활의 변화, 친구와의 단절, 가족 건강에 대한 걱정 등으로 정신 건강이 악화한 사람도 있다. 그리고 약물 사용과 남용도 증가했다.

교육

캐나다인은 대체로 교육 수준이 높다.

- 61%가 넘는 25~64세의 성인이 고등 교육을 수료했다.
- 약 38.6%는 대학 학위를, 22.4%는 특정 직군의 자격증을 보유하고 있다.
- 25% 정도는 최종 학력이 고등학교이다. 그 어떠한 교육도 이수하지 않은 인구는 14%도 되지 않는다.
- 초중등 학교 중에서 사립학교는 소수이다(대부분은 특정 교파 소속).
- 전국적으로 다양한 유형의 대학원이 200개가 넘는다.

【 13개의 서로 다른 체계 】

이런 캐나다의 교육 체계에는 한 가지 특이한 점이 있다. 바로 주 정부가 교육을 책임진다는 것이다. 즉, 지역 역사, 문화, 교육 우선순위를 반영한 13개의 교육 체계가 있다. 각 주/준주의 교육부는 교육 기준과 교육 과정 가이드라인을 수립하고, 학교에 재정을 지원한다. 학교의 운영은 선출된 학교 이사회가 담당하며, 여기서 예산 수립, 교사 채용, 교육 과정 결정 등을 관리한다.

캐나다 교육 체계는 보통 진보적이고 자유주의적인데, 개인의 사고를 강조하고 학습 욕구를 자극한다. 그런데 중앙 정부가 조율하는 일이 없는데도 어떻게 캐나다 교육 체계가 한결같이 좋은 평가를 받고 있을까? 교육 기관마다는 물론 주/준주별로 모든 수준의 교육 과정에 적용되는 기준이 다양하다. 그러나 그렇게 다르다고 해도 미국 학교나 대학교만큼 차이가 나지는 않는다. 각 학교에서 이런저런 조정을 할 수 있는 기준을 제시하는 정기적인 국내외 학업성취도 비교 연구 등 일정하게 기준을 조율하는 여러 가지 수단이 있다.

[초중등 교육]

아이들은 6~7세부터 15~16세까지(주/준주별로 나이 기준이 다름) 의무적으로 학교에 다닌다. 대부분 학생이 12년의 교육을 받은 후 18~19세에 고등학교를 졸업한다. 기술 프로그램으로 진학

할 수 있도록 더 실용적인 교육을 제공하는 고등학교도 있지만, 대부분은 대학 진학 여부와 상관없이 일반 고등학교에 간다.

예외적으로 퀘벡주에서는 고등학교 과정이 11년으로 완료된다. 그다음에는 CEGEP(전문 및 일반 교육 대학)에서 2년간 대학전 과정을 이수하거나 3년간 기술 또는 직업 과정을 이수한다.

공립학교에서의 초중등 교육은 무상이다. '특별' 공립학교는 특정 교과 소속으로, 대부분이 로마 가톨릭교 학교이다. 또한 완전히 독립적으로 종교, 언어, 학업성취도에 따라 다양한 교육 과정을 제공하는 소수의 사립학교도 있다. 퀘벡주에서는 캐나다와 미국의 사립학교에 다니는 학생 수가 가장 많다.

[대학교와 전문대학]

고등 교육 기관에는 대학교, 지역 전문대학, 기술 전문대학, 전문대학, 직업 전문대학이 있다.

대학교에서는 학위를 수여한다. 공공 재정이 지원되지만, 입학 기준과 학습 요건 수립은 자율적으로 이루어진다.

지역 전문대학과 기술 교육 기관에서는 직업 훈련 학위(디플로마)를 수여한다. 재계, 산업계, 공공 서비스 부문의 요구에 맞는 교육을 주로 제공한다는 점에서 세계적으로도 독특한 교

그레이터 밴쿠버의 버너비에 있는 사이먼프레이저대학교의 졸업식 날

육 기관이다. 연간 학비는 2022년에 캐나다인의 경우 약 400만 원, 외국인 유학생의 경우 최대 1800만 원이었다.

전문대학은 일반 대학교와 기타 전문대학의 특성을 모두 갖추고 있어서 학위와 디플로마를 수여한다.

직업 전문대학은 민간이 소유하고 운영(그래도 주 당국의 허가를 받고 규제 대상이 된다)하며, 특정 직군에 해당하는 단기 교육을 제공한다.

캐나다 대학생의 경우 한 해 학비(캐나다 정부는 자국민이 부담하는 학비는 총액의 20% 정도밖에 되지 않는다고 자랑한다)는 평균 약 800만

토론토에 있는 로마네스크 부흥 양식의 전문대학 건물

원이다. 학비는 주, 대학, 학위, 전공 등에 따라 달라진다. 가장
학비가 낮은 곳은 퀘벡주로, 전국 평균의 절반밖에 되지 않는
다. 가장 높은 곳은 노바스코샤주이다. 오늘날에는 학자금 대
출 부담에 시달리는 졸업생 문제가 많이 거론되고 있다. 학생
들은 정부가 지원하는 학자금 대출과 아르바이트, 장학금, 가
족 지원 등을 최대한 활용하여 학비, 교재비, 생활비를 충당한
다. 비용을 줄이기 위해 점점 더 많은 대학생이 본가에서 생활
한다.

캐나다에서 공부하는 데 드는 비용은 유럽보다는 많지만, 미국만큼은 아니다. 그렇지만 유학생의 경우, 학비 구조가 다양함을 알고 있어야 한다. 학비가 가장 저렴한 것은 해당 주 출신 학생이고, 다른 지역 출신 캐나다 학생, 외국인 유학생 순으로 학비가 비싸진다.

캐나다는 인기 있는 유학지이다. 팬데믹 이전인 2019년에 캐나다 전체 교육 체계에서 외국인 유학생의 수는 63만 8,380명이었다. 이듬해에 이 수치는 수직 하락했지만, 2021년이 되자 62만 1,565명으로 팬데믹 이전 수준을 회복했다. 외국인 유학생의 과반수가 인도, 중국, 한국, 필리핀, 방글라데시, 일본, 베트남 등 아시아 국가 출신이다. 대부분 유학생이 캐나다 교육의 질과 생활 면에서 만족스러운 경험을 했다고 말했다. 전 세계의 학생들은 캐나다의 관용과 따뜻한 분위기, PGWP(대학원생 근로 허가) 프로그램을 통한 거주 및 근로 기회에 이끌려 캐나다를 택한다. 또한 공부하면서 일할 수 있으므로, 캐나다에서 일하는 경험을 습득하고 자기를 부양하며, 캐나다 경제, 문화, 생활 방식을 많이 배울 수 있다. 외국인 유학생이 많기 때문에, 홈스테이(학기 시작 전에 캐나다 가정에서 며칠 지내는 것), 다른 유학생 및 캐나다 학생과의 만남 등 여러 가지 외국인 유학생 프로그램이 마련되어 있다. 저녁에 시간을 내어 인터넷에서 '캐나다 유학'만 검색해 봐도 캐나다 유학에 관한 온갖 정보를 찾을 수 있을 것이다.

06

여가 생활

캐나다에서 즐길 수 있는 여가 활동은 숨이 멎을 듯한 자연경관과 수많은 스포츠 시설을 즐기는 것부터 쇼핑과 박물관 관람까지 매우 다양하다. 또 놀라운 점은 이런 활동을 모든 사람이 즐길 수 있고, 원하는 활동에 관한 정보를 찾기가 매우 쉽다는 것이다.

캐나다인은 한가할 때도 바쁘게 지낸다. 쇼핑몰에서 많은 시간을 보내는 손 큰 쇼핑객이고, 자기 집과 시골집을 고치는 데 엄청난 시간과 에너지를 들인다. 또한 야외 활동과 지역 축제를 즐기고, 스포츠를 좋아하고 활동적이며, 외식과 영화 관람도 즐기지만, TV를 보며 느긋하게 쉬는 것도 그만큼 좋아한다. 캐나다에서 즐길 수 있는 여가 활동은 숨이 멎을 듯한 자연경관과 수많은 스포츠 시설을 즐기는 것부터 쇼핑과 박물관 관람까지 매우 다양하다. 또 놀라운 점은 이런 활동을 모든 사람이 즐길 수 있고, 원하는 활동에 관한 정보를 찾기가 매우 쉽다는 것이다.

캐나다인의 휴가

5월부터 10월 사이에 주말이면 많은 캐나다인이 도시를 벗어나 시골집을 소유한 교외로 향하는 모습을 심심치 않게 볼 수 있다. 캐나다의 시골집은 모든 것을 완전히 갖춘 별장부터 호수나 물고기가 많은 강가 근처의 판잣집까지 형태가 다양하다. 만약 그런 시골집을 소유하고 있지 않다면, 빌리면 된다.

관련 정보는 인터넷과 관광안내소에서 찾을 수 있다. 운 좋게 누군가의 시골집으로 초대되었다면, 교외에 나가 호스트가 잔디를 깎거나 시골집과 보트를 고치고 수많은 손님을 위해 음식을 준비하는 등 긴장을 풀고 쉬는 모습을 볼 수 있는 기회이다.

금전적인 여유가 있는 사람은 이 시기에 남쪽으로 날아가 햇빛을 즐기며 비타민 D를 보충한다. 인기 있는 여행지는 플로리다와 카리브해 섬이다. 문화적 경험을 위해 유럽으로도 많이 가는데, 그래도 남쪽으로 가는 비행기 노선이 가장 많다.

코로나19 팬데믹 발생과 여행 및 이동에 관한 여러 금지 조치로 캐나다인 대부분이 단기 임대나 국내외 여행 지출이 줄었거나 아예 없었다고 한다. 2021년 10월부터는 백신을 맞지 않은 캐나다인이 출국하거나 국내선 비행기, 기차, 버스를 이용하는 것이 금지되었다. 2022년 8월 이후에는 외국 국적자도 백신을 접종하지 않았으면 캐나다 출국을 위한 비행기나 기차를 탈 수 없게 되었다. 한마디로 백신 의무 접종, 각종 금지 조치 등으로 팬데믹 이후의 세상은 이전과 판이해졌다. 팬데믹 방역 조치는 2022년 초에 해제되었고, 레저 활동과 여행 소비 진작을 위해 주 정부에서는 주 내에서의 여행을 권장하기 시작했다. 이를 위해 특정 여행 관련 지출에 대하여 세제 혜택을 제공했고, 크루즈선 여행 등 다른 유형의 여행은 자제하도록 권고하는 한편, 많은 국가에 여행 경고를 발령했다. 그러다가 2022년 5월에 엠폭스가 북미 및 유럽에서 발병하여 새로운 공포를 유발했다.

【위대한 자연】

캐나다에는 많은 국립공원과 주립공원, 준주립공원, 800개가 넘는 국가 사적지가 있다. 이런 공원 중에는 그 크기가 작은 나라만 한 곳도 있다. 여름에는 캠핑, 하이킹, 등산, 낚시를, 겨울에는 활강 및 크로스컨트리 스키를 타거나 얼음낚시, 개

· 기나긴 길 ·

트랜스 캐나다 트레일은 세계에서 가장 긴 휴양 둘레길로 누구나 이용할 수 있다. 둘레길의 길이는 1만 6,100킬로미터이며, 캐나다의 모든 주와 준주를 통과한다. 이 길은 걷기, 자전거 타기, 말타기, 크로스컨트리 스키와 스노모빌 타기에 이용된다.

밴쿠버 북서부에 있는 하우 해협의 장관 속에서 즐기는 하이킹

썰매 타기 등 매우 다양한 활동을 즐길 수 있다. 야생의 자연을 즐기기 위해 텐트와 식료품 가방을 메고 며칠간 자연 속으로 떠나는 용감한 카누 캠핑족(카누를 타고 다니며 야영하는 사람 – 옮긴이)이 될 필요는 없다. 세면 시설과 가스, 전기 콘센트를 갖춘 RV(이동식 주택) 공원도 있으니 말이다.

암벽 등반 등 새로운 활동을 시도하고 싶은 사람을 위한 코스도 있고, 위대한 자연을 경험하고 싶지만 혼자 가고 싶지는 않은 사람을 위한 가이드 또는 그룹 활동도 있다. 텐트에서 RV까지 모든 장비를 대여할 수 있으며, 원한다면 돈을 더 내고 바비큐까지 추가할 수 있다.

많은 캐나다인이 캐나다의 자연을 사랑하고, 자연 속으로 떠나는 일이 잦다. 매년 1600만 명이 캐나다 국립공원을 찾는다. 여기에 여름용 시골 별장을 소유한 캐나다인의 수와 주립/준주립/시립 공원 등 다른 자연환경을 찾는 경우까지 더하면 그 수가 얼마나 많은지 알 수 있을 것이다. 시립공원의 경우, 단체 게임과 경쟁을 즐기고 그동안 다른 사람들이 아이들을 돌보는 공동체 문화가 강한 민족 공동체 구성원의 사교 집단이나 대가족 모임이 자주 이루어진다. 그러나 모든 캐나다인이 자연을 사랑하는 것은 아니다. 캐나다에 언제나 존재하는 자연의 힘을 즐기지 않는(겨울에는 추위와 눈, 여름에는 더위와 벌레 때문) 철저한 도시인도 있다. 많은 젊은이는 보드게임 클럽을 찾는다. 다른 이들은 데이트, 우정, 비즈니스 등 목적이 같은 사람을 만날 수 있는 스피드 사교 모임 같은 활동에 나선다. 캐나다인 대다수가 환경 문제를 인식하고 이를 우려하지만, 그들의 사치스러운 생활 방식은 미국만큼 자연을 오염시키고 있다. 그렇지만 가장 큰 차이점은 영토가 큰 대신 인구가 상대적으로 훨씬 적어 환경 오염의 결과가 덜 눈에 띈다는 것이다.

캐나다인은 어느 활동을 하든 장비를 잘 갖춘다. 좋은 장비는 최악의 사태에 대비하는 최선책이다. 캐나다의 위대한 자연은 광대하고 야생 그대로이다. 그리고 목 좋은 곳에 위치한 펍이나 응급 처치 센터도 없다. 다음은 몇 가지 대비해야 할 사항이다.

- 7월과 8월은 성수기로 대부분 인기 공원(도심지에서 가장 가까운 공원)에 사람이 붐빈다(특히 주말). 예약이 필수일 수 있으며, 도시를 벗어날 때와 공원에 입장할 때 교통체증이 있을 것으로 생각하면 된다.
- 여름, 특히 6월과 7월에는 벌레, 그중에서도 사람을 무는 날벌레가 많다. 모기와 각다귀(해가 질 무렵에 주로 문다), 흑파리, 말파리(낮에 문다) 등이 대표적이다.
- 방문할 지역의 일기예보를 확인한다.
- 강이나 호수 등 물가에 갈 예정이라면 물이나 요오드 정수 알약 등 필요한 장비를 챙긴다(상류 오염이 있을 수 있기 때문).

스포츠

캐나다인은 많은 스포츠를 즐기고, 대부분은 방문객도 관람객으로든 참가자로든 쉽게 참여할 수 있다. 국민 스포츠인 아이스하키의 경우, 내셔널아이스하키리그 경기 관람 티켓을 구하려는 수요가 엄청나다. 마리오 르미유, 웨인 그레츠키, 고디 하우, 모리스 리처드 같은 유명한 캐나다 하키 선수 이름을 알아두면 맥주를 마시며 캐나다 친구를 놀라게 할 수 있다. 아이들은 거리, 동네 실내외 링크, 2명 이상이 들어갈 수 있는 빙판이라면 어디서든 하키를 한다. 동네에서 벌어지는 게임에 참여하려는 방문객이 주의할 점이 하나 있다. 이렇게 하키를 하는 아이들은 운동화를 신고 달리는 것만큼 스케이트를 잘 탄다는 점이다.

겨울에 인기 있는 또 다른 스포츠는 컬링이다. 캐나다 컬링협회에 따르면 협회에 등록된 컬링 클럽은 1,100개이고, 14개의 주/준주 협회가 있다. 또한 일상적으로 컬링을 즐기는 인구가 100만 명을 넘는다.

캐나다에서 가장 인기 있는 여름 스포츠는 야구이다. 캐나다에는 캐나다식 풋볼이 있는데, 미국식 풋볼과도 약간 다르

때 묻지 않은 자연에서 동틀 무렵에 즐기는 플라이 낚시

고, 축구와는 전혀 다르다.

아이스하키 외에 라크로스도 캐나다의 국민 스포츠이지만, 주로 캐나다 서부 주의 일부 집단만 즐긴다. 라크로스는 북미에서 가장 오래된 단체 스포츠로, 세인트로렌스 계곡 지역의 앨곤퀸 인디언이 만들었다.

화려한 민간 센터에서 저렴한 YMCA 시설에 이르기까지 건강을 유지할 목적의 체육관과 헬스장은 모든 도시에 있다. 테니스, 스쿼시, 라켓볼 등도 자주 할 수 있다. 가장 많이 참여하는 스포츠는 수영(실내외 수영장), 하이킹, 자전거 타기, 조깅,

・ 아이스링크 ・

오타와의 리도 운하에는 세계 최대의 스케이트장이 있다. 길이는 7.8킬로미터

이고 너비는 평균 45미터로 매해 겨울 정비된다. 그런데 2008년, 위니펙에 세

계 최장 스케이트장이 만들어졌다. 어시니보인강과 레드강에 있는 이 스케이

트장은 길이가 8.45킬로미터, 너비가 2~3미터 정도이다.

앨버타주 밴프 국립공원의 언 호수 위에서 아이스하키를 즐기는 아이들

골프, 스키, 낚시 등이다. 겨울에 대부분 도심지 공원에는 아이스 스케이트와 터보건을 탈 수 있는 곳이 있다. 사람들이 도심 공원에서 크로스컨트리 스키를 타거나 눈신을 신고 운동하는 모습을 심심치 않게 볼 수 있다.

축제

캐나다에서는 전국적으로 매년 수백 개의 축제가 열리고, 대다수는 무료로 참가할 수 있다. 거리 음악 공연처럼 단순한 축제도 있고, 주나 준주의 구체적인 지역 문화나 역사를 기념하기도 한다. 그런가 하면 음악이나 문학 등 구체적인 주제를 갖고 열리는 축제도 있는데, 이런 축제 대부분은 수준이 높다. 캐나다인을 대상으로 하는 축제도 있고, 국제적으로 잘 알려진 축제도 있다. 축제 대부분은 재미있고 시간을 보내기에 매우 좋다. 토론토와 밴쿠버의 국제영화제, 몬트리올과 캘거리의 레게 페스티벌, 스코샤뱅크 캐리비언 카니발 토론토, 샬럿타운의 재즈 및 블루스 페스티벌, 몬트리올 재즈 페스티벌 등이 유명하다.

국제적으로 유명한 여름 이벤트에는 7월 둘째 주에 열흘 넘게 페스티벌, 전시, 로데오가 열리는 캘거리 스탬피드가 있다. 캐나다 최대 규모의 축제이며 세계 최대의 야외 로데오 행사이다. 뉴펀들랜드 앤드 래브라도주에서 열리는 로열 세인트 존스 레가타는 북미에서 가장 오래된 스포츠 이벤트로, 1826년에 처음 개최되어 지금까지 이어지고 있다. 8월 첫 번째 수요일로 개최 날짜가 정해져 있지만, 날씨가 좋지 않으면 행사를 진행하기 좋은 날씨가 될 때까지 연기된다. 레가타의 날은 뉴펀들랜드 앤드 래브라도주에서 공휴일인데, 이날 행사가 열릴지가 초미의 관심사이다. 7월에 노바스코샤주의 일부 도시에서 열리는 하이랜드 게임은 스코틀랜드 유산과 전통 및 구세계와 신세계의 연결고리를 기념한다. 유콘준주의 국제 스토리텔링 페스티벌은 매년 여름 화이트호스에서 열리며, 전 세계의 수많은 작가와 스토리텔러가 이곳에 모인다.

　겨울에 캐나다를 방문한다면 다양한 겨울 페스티벌에 일정을 맞춰보는 것도 좋다. 추운 겨울 날씨를 얼마나 잘 활용하는지 볼 수 있는 좋은 기회이기 때문이다. 퀘벡시에서 열리는 퀘벡 윈터 카니발은 세계 최대의 겨울 축제이자 단일 축제로는 리우와 뉴올리언스에 이어 세 번째로 큰 규모를 자랑한다. 1월

캘거리 스탬피드에서 열리는 날뛰는 야생마 타기 대회

및/또는 2월에 걸쳐 17일 넘게 축제가 이어진다. 얼음 조각 대회, 개썰매 경주, 야외 댄스파티, 전설적인 퍼레이드까지, 겨울의 즐거움을 기념한다. 아주 용감한 사람이라면 꽁꽁 언 세인트로렌스강에서 열리는 카누 경주(기본적으로 참가 팀이 카누를 들고 빙판 위를 달리는 행사), 사람들이 수영복을 입고 깨끗한 눈에 들어가 씻는 눈 목욕 등에 참여할 수 있다. 윈터루드는 오타와의 겨울 페스티벌이다. 2월에 3주 동안 행사가 열리는데, 이때 앞에서도 살펴봤던 오타와 리도 운하에 있는 세계 최대의 아이스링크를 활용한다. 매일 야외 무료 콘서트, 눈과 얼음 조각 대회가 열리고, 30개의 거대한 눈 슬라이드 등 눈으로 만들어진 놀이터가 생긴다. 매니토바주 위니펙에서 열리는 보야저 축제는 캐나다 모피 무역 역사를 기린다. 2월에 열흘간 역사와 가족 중심 행사가 많이 열린다. 횃불 행진, 바이올린 콘테스트, 각종 경기(다리 레슬링, 줄다리기, 통나무 자르기 등), 참석자가 19세기 복장을 하고 5개의 코스 요리와 댄스를 즐기는 총독 무도회 등이 이 기간에 열린다. 한때 모피 교역의 중심지였던 원래 시장을 재건축한 지브롤터 교역 시장에서 많은 활동이 이루어진다.

슈거 부시(프랑스어로 Cabane-à-sucre)는 공식 축제는 아니지만,

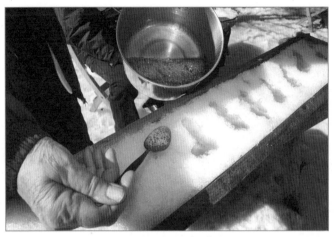

퀘벡주의 설탕 제조장에서 토피를 만들기 위해 메이플 시럽을 눈에 뿌리는 모습

온타리오주, 퀘벡주, 대서양 연안 4개 주에서 봄이 온다는 것
은 신선한 메이플 시럽이 나오며, 이 지역의 사탕단풍 숲(슈거
부시)을 꼭 방문해야 함을 의미한다. 사탕단풍 숲은 메이플 시
럽을 만들 수액을 채취할 수 있을 정도로 단풍나무가 자란 지
역을 말한다. 봄이면 많은 메이플 농장에서 농장을 개방하고,
유럽 정착민들이 원주민으로부터 배운 메이플 시럽을 채취하
고 제조하는 전통을 시연한다. 이날에는 신선한 메이플 시럽이
많이 들어간 음식이 상다리가 휘어지게 차려진다. 숲에서 걷
거나 썰매를 타는 일도 훌륭한 가족 소풍이 된다.

밴쿠버 스탠리 공원에 있는 현대적으로 조각된 토템 폴

기타 엔터테인먼트

캐나다의 모든 주도와 도시 대부분에는 극장(전문/아마추어 극장 모두 성행), 나이트클럽, 박물관, 미술관이 있다. 세계적 수준의 엔터테인먼트로 발레, 오페라, 클래식 음악부터 세계적으로 유명한 록과 팝 음악까지 다양하게 즐길 수 있다. 미술관에서는 '그룹 오브 세븐'(유명한 현대 캐나다 화가 집단)과 원주민 예술을 꼭 봐야 한다. 어떤 캐나다 박물관은 지어진 지 얼마 되지 않아 전시물을 전시하는 데서 현대적이고 혁신적인 방법을 보여준다. 대표적인 예가 체험형 과학 센터이다.

【음악】

캐나다 대중음악 산업은 영어권과 프랑스어권 모두에서 널리 유행하고 있다. 종종 미국인으로 착각하는 캐나다 가수에는 원로 싱어송라이터 레너드 코헨, 포크와 록 스타 고든 라이트풋, 닐 영, 브라이언 애덤스, 팝 아이콘 조니 미첼, 앤 머레이, 셀린 디온, 샤니아 트웨인, 얼래니스 모리셋이 있다. 더 게스 후, 래시, 트래지컬리 힙, 베어네이키드 레이디스 등 캐나다

몬트리올 베르둔 공원에서 열리는 무료 재즈 콘서트

록밴드는 세계 로큰롤계에 커다란 기여를 했다. 21세기 캐나다 팝 음악계에는 다이애나 크롤, 마이클 부블레, 파이스트, 넬리 퍼타도, 데드마우스^{Deadmau5}, 에이브릴 라빈, 드레이크, 저스틴 비버 등 북미 음악 차트를 휩쓸고 전 세계에서 성공을 거두며, 세계 시장에 음반을 판매하고 국제적인 음반사와 계약한 주류 캐나다 아티스트가 있다.

캐나다 오케스트라, 오페라단, 발레단 등 클래식 음악계도 활발한 활동을 보인다. 여기서는 국제적인 아티스트의 공연도 추가하여 연간 프로그램에 다채로움을 더한다.

[영화]

캐나다에서의 영화 관람은 미국과 크게 다르지 않다. 극장에서 상영하는 영화의 불과 5%만이 '캐나다산'이고, 대부분은 할리우드 블록버스터 영화이다. 상업 영화관에서 유럽 영화를 찾기란 하늘의 별 따기이다. 그렇지만 캐나다 영화는 오스카상을 수상했고, 칸 국제영화제에서도 좋은 평가를 받았다. 퀘벡주의 영화 산업은 데니 아르캉의 「미제국의 몰락」, 「야만적 침략」(미국 아카데미 시상식에서 외국어영화상 수상)이 흥행하는 등 국제적으로도 명성이 높으며, 애니메이션과 다큐멘터리 부문에서도 유명하다. 드니 빌뇌브와 같은 다른 프랑스계 캐나다인 감독도 업계에서 최고상을 받았다.

「새터데이 나이트 라이브」의 프로듀서인 론 마이클스, 「터미네이터」, 「람보」, 「타이타닉」, 「아바타」 등 수많은 블록버스터를 제작한 제임스 캐머런 감독도 캐나다인이다. 「플라이」와 「폭력의 역사」를 만든 데이비드 크로넌버그 감독도 캐나다 출신이다. 북미 영화계가 재능 있는 캐나다인에 여러 차원에서 많은 빚을 지고 있다는 점은 부인할 수 없는 사실이다.

20세기 초 할리우드에서 활약했던 영화계 전설 메리 픽포드 같은 캐나다 배우도 캐나다 영화 산업의 탄생에 많이 공헌했다. 유명한 캐나다인 배우 중에는 론 그린, 윌리엄 샤트너, 마이클 J. 폭스, 도널드 서덜랜드, 크리스토퍼 플러머, 라이언 고슬링, 라이언 레이놀즈, 패멀라 앤더슨, 레이첼 매캐덤스, 엘리엇(엘런) 페이지 등이 있다. 캐나다가 북미 코미디에 기여한 정도는 드라마 연기에 기여한 것보다 훨씬 크다. 짐 캐리, 마이크 마이어스, 사만다 비, 캐서린 오하라, 댄 애크로이드, 토미 총, 고인이 된 존 캔디, 필 하트먼, 레슬리 닐슨 모두가 캐나다인이다.

외식

캐나다인은 매 끼니와 주말 브런치(늦은 아침 겸 이른 점심 식사)를 외식으로 해결하길 좋아한다. 저렴한 패스트푸드와 합리적인 가격의 가족 저녁 식사부터 최신 유행의 카페와 비싼 레스토랑에 이르기까지 모든 예산에서 즐길 수 있는 식당이 많다. 다문화 국가에서 사는 최고의 즐거움 중 하나는 바로 이민 인구와 함께 온 다양한 요리로, 먼 나라로 여행 가지 않고도 이국적인 음식을 즐길 수 있다.

밴쿠버에서는 인도와 중국 음식점을 가보면 좋다. 캘거리라면 지역 특산 소고기가 정말 맛있다. 토론토에서는 아프가니스탄, 벨기에, 카리브해, 중국, 이란, 지중해, 터키, 중동, 멕시코, 브라질, 태국, 필리핀, 베트남 등 전 세계 음식을 맛볼 수 있다. 원하는 음식은 무엇이든 있을 것이다. 캐나다에서 인구당 음식점 수가 가장 많은 몬트리올은 민족 요리의 보물섬이다. 캄보디아, 에티오피아, 포르투갈, 이탈리아, 호주, 우크라이나, 영국, 파키스탄, 중동, 폴란드, 한국, 콜롬비아 음식을 즐길 수 있다. 그리고 몇 개월을 외식해도 같은 식당을 두 번 가지 않는 것이 가능할 정도이다.

퀘벡주 루아얄 광장의 야외 레스토랑

보통 외식은 느긋하게 즐기는 편이다. 영어권 캐나다 대부분의 에티켓은 미국과 비슷하다. 퀘벡주는 프랑스에 더 가깝다. 모든 음식에 물이 얼음과 함께 무료로 제공되고, 식사에 커피를 곁들일 수 있다. 점심을 먹으며 커피를 마시는 것은 캐나다만의 특징이다. 그러나 엄격한 규칙은 없다. 친구와 식사를 하면 금액을 나눠 내는 것이 보통이다.

캐나다에서 발달한 패스트푸드 체인점은 이제 캐나다의 현지어라고 할 정도가 되었다. 팀홀튼은 가벼운 점심, 도넛, 특히

• 전형적인 캐나다 음식 •

- 메이플 시럽은 메이플 수액으로 만들어진다. 메이플 수액은 최초의 유럽 정착민이 원주민으로부터 배운 방식으로 채취 및 가공된다. 전 세계 메이플 시럽의 80%가 캐나다에서 생산되며, 그중 90%가 퀘벡주에서 만들어진다. 시럽의 등급은 색상, 맛, 밀도에 따라 나뉘며, A등급이 최고 등급이다.

- 비버 테일: 팬케이크같이 생긴 튀김 스낵으로 설탕 코팅을 입힌다.

- 푸틴: 감자튀김, 그레이비와 치즈커드를 곁들인 음식으로, 소시지를 추가하기도 한다(꼭 캐나다에서 태어나야 이 음식을 좋아하게 되는 건 아니다!).

- 몬트리올에서 파는 훈제 고기로 만든 샌드위치

- 동부 해안의 랍스터, 서부 해안의 연어, 캐나다 전국 강에서 잡을 수 있는 송어

- 벌목꾼의 아침 식사(나무꾼의 아침 식사 또는 '럼비'라고도 불림)는 3개 이상의 달걀, 햄, 베이컨, 소시지, 커다란 팬케이크 몇 장으로 구성된 어마어마한 양의 아침 식사이다. 기차가 다니기 전에 생긴 밴쿠버 개스타운의 워터 스트리트에 있는 그랜빌 호텔의 호텔리어 J. 휴스턴이 1870년에 처음 개발했다.

- 밴쿠버 나나이모바: 굽지 않은 디저트로, 브리티시컬럼비아주에 있는 나나이모라는 도시에서 이름이 유래했다. 버터 크림으로 속을 채운 뉴욕 슬라이스와 달리 가운데 커스터드 크림을 넣는다. 둘 다 부드러운 초콜릿 토핑과

그레이엄 크래커를 많이 사용한다.

- 캐나다의 국민 칵테일로 불리는 시저는 캘거리의 자랑스러운 발명품이다.
  이탈리아 출신 바텐더 월터 첼이 개발한 것으로 알려졌다. 이야기에 따르면
  1969년에 월터 첼은 조개 육즙을 쓰는 파스타에서 영감을 받아 토마토 주
  스와 조개 육즙을 보드카에 섞은 강한 풍미의 칵테일을 개발했다고 한다.
- 돈에어는 되네르 케밥을 캐나다식으로 해석한 핼리팩스의 독특한 캐나다
  요리이다. 여기에는 연유, 설탕, 마늘, 식초로 만든 고유한 소스를 곁들인다.

커피를 즐기기에 좋다(다만 유럽에서 온 사람이라면 캐나다 커피에 실망
할 수 있다). 세인트 허버트 BBQ는 KFC에 대한 퀘벡식 답인데,
KFC보다 훨씬 맛있고 건강하다! 로라 시코드는 유명한 초콜
릿 가게이다.

음주

캐나다에서 음주가 가능해지는 나이는 주/준주의 법령에 따

라 다르지만 대체로 18~19세이다. 대부분 지역에서 술집은 새벽 1~2시면 문을 닫는다. 단, 퀘벡주에서는 새벽 3~4시까지 문을 여는 곳도 있다. 학생이 아닌 이상, 캐나다에서 만취하는 것은 별로 좋게 보지 않는다. 그리고 음주 운전은 심각한 범죄로 여겨진다.

캐나다에서 가장 인기 있는 주류는 맥주이다. 캐나다인은 캐나다 맥주가 미국 맥주보다 더 맛있고 도수가 세다는 데 자부심을 느낀다. 맥주는 보통 매우 차갑게 제공하고, 맥주의 종류는 미국보다 다양하지만 벨기에보다는 적다. 캐나다 2대 맥주 양조장으로 몰슨과 라바트가 있지만, 무수히 많은 소규모 양조장이 캐나다 맥주 시장의 다양성을 높이고 있다. 그러나 최근 들어 와인이 가장 인기 있는 주류로 자리매김하면서 국내산 및 수입 맥주의 인기가 떨어졌다. 뛰어난 캐나다 와인 산

· 캐나다 농담 ·

미국 맥주는 카누 위에서 사랑을 나누는 것 같다. 둘 다 물에 매우 가깝기 때문이다.

지는 온타리오주와 브리티시컬럼비아주로, 온타리오주는 아이스 와인의 선두 주자이다.

캐나다 주류 판매는 정부에서 엄격하게 관리하고 주세도 높아 자연히 주류 가격도 비싸다. 캐나다산 맥주가 가장 저렴하다(수입 맥주는 조금 더 비싸다). 수입 와인은 (유럽인의 관점에서 보면) 매우 비싸다. 주류는 LCB^Liquor Control Boards(퀘벡주에서는 SAQ 또는 Société des Alcools du Québec)라는 별도의 주류 전문점에서만 구매할 수 있는데, 온타리오주 같은 곳에서는 맥주를 맥주 전문 판매점에서만 구할 수 있다. 이와 달리, 퀘벡주에서는 맥주와 와

· 팁 문화 ·

캐나다에서 식당 종사자, 이/미용사, 택시 운전사 등의 수입에서 팁은 상당히 많은 부분을 차지한다. 기본적으로 임금이 그다지 높지 않기 때문이다. 따라서 서비스가 정말로 형편없는 경우가 아니라면, 팁을 주는 것이 필수이다. 팁 금액은 보통 (세전) 금액의 15%이며, 서비스에 얼마나 만족했느냐에 따라 이보다 덜 또는 더 줄 수 있다. 호텔, 공항, 항구 등지에서는 짐꾼이나 벨보이에게 옮기는 짐의 개수당 2,000원에서 5,000원 정도를 팁으로 준다.

인을 식료품점 또는 편의점(프랑스어로 dépanneur)에서도 살 수 있다. 그렇지만 이런 곳에서 구매할 수 있는 주류의 종류는 한정적이다.

캐나다인이 "2, 4"(영어로 two-four)라거나 "한 상자"(영어로 crate)라고 하는 걸 들을 수 있을 텐데, 이는 맥주 24병, 혹은 24캔을 의미한다.

흡연

캐나다에서 흡연은 점점 유행이 시들해지고 있다. 캐나다 인구 중 흡연자는 20%가 되지 않고, (주별 법령에 따라 다르기는 하나) 전국의 대부분 공공장소에서 흡연을 금지하고 있다. 흡연자라면 흡연이 허용되는 장소라고 하더라도 주변인에게 흡연을 해도 괜찮은지 동의를 구하는 것이 좋다.

2018년 10월에 캐나다는 전 세계에서 두 번째로, 그리고 G7 국가 중에서는 최초로 오락용 대마초 사용을 합법화했다 (의료 목적의 사용은 이미 17년 전에 허용). 그래서 집에서 대마초를 재배하고 이를 유통하는 행위와 대마초 판매점 및 사용 등과 관런한 법령이 제정되었다. 대마초 관련 법은 주별로 다르고, 대마초 제품은 전국적으로 광고와 선전이 허용되지 않는다.

쇼핑

미국에서처럼 캐나다에서도 쇼핑몰에서 쇼핑하는 일은 단순히 필요한 물건을 구매하는 행위만이 아니라 여가를 보내는 방법이기도 하다. 쇼핑몰은 규모가 크고 실용적(특히 추울 때)이며, 넉넉한 무료 주차장을 제공하고, 상품도 다양하게 구비되어 있다. 그러나 대부분 도시와 그냥 동네에도 지역 수요를 맞추기 위한 상점가가 있다. 그리고 도시 중심부에는 쇼핑몰에서는 구하기 어려운 상품을 파는 가게가 많다. 대형 백화점이나 체인 쇼핑몰도 도시 중심부에 매장을 낸다.

대부분 상점과 슈퍼마켓은 오전 9시에 문을 열고 오후 5시 30분까지 영업한다. 그리고 어디든 24시간 영업하는 약국과 식료품점도 있다. 상점과 식료품점은 일요일에도 문을 열지만, 주별로 영업시간은 다르다. 메트로와 월마트 같은 대형 슈퍼마켓 체인은 주중에는 오전 7시부터 오후 11시까지 영업하고, 공휴일에는 오전 9시부터 오후 6시까지 영업한다.

코로나19 팬데믹은 특히 상업 부문을 강타했다. 쇼핑몰은 문을 닫았고, 상점에서는 온라인으로 상품 주문 후 지정된 장소에서 차를 탄 채 물건을 받는 커브사이드 픽업 서비스를 제공할 수 없으면 물건을 팔 수 없었다. 그래서 온라인 쇼핑으로 급격한 전환이 일어났다. 많은 앱이 생겼고, 중고 시장의 성장세가 가팔라졌다. 환경 문제에 대한 의식과 돈을 절약해야 할 필요가 급증했기 때문이다. 많은 사람이 캐나다 전자상거래 플랫폼인 쇼피파이, 미국의 엣시와 아마존에서 부업을 시작했다. 동시에 반아마존 트렌드도 성장하여 드롭시핑(판매자가 재고를 두지 않고 오픈마켓 등에서 받은 주문을 처리하는 유통 방식-옮긴이) 같은 소비자 직판매 비즈니스 모델과 스퀘어 앱, 페이팔 등의 현금을 사용하지 않는 결제 솔루션 등이 등장하게 되었다.

07

여행 이모저모

캐나다 여행은 대체로 쾌적하고 안전하며, 실용적이다. 인프라와 서비스의 수준이 상당히 높고, 여러 옵션, 교통 상황, 운행 시간표 등에 관한 정보를 쉽게 찾을 수 있다. 장애인도 대부분 숙박, 관광지, 대중교통 체계를 이용할 수 있다. 그러나 시골 지역에는 대중교통 서비스가 적으므로, 자동차는 필수다.

지역 안에서 돌아다니든 전국을 돌아다니든, 캐나다 여행은 대체로 쾌적하고 안전하며, 실용적이다. 인프라와 서비스의 수준이 상당히 높고, 여러 옵션, 교통 상황, 운행 시간표 등에 관한 정보를 쉽게 찾을 수 있다. 장애인도 대부분 숙박, 관광지, 대중교통 체계를 이용할 수 있다. 그러나 시골 지역에는 대중교통 서비스가 적으므로, 자동차는 필수다. 캐나다 도시 안에서도 이동 거리가 꽤 길어서 놀랄 수 있으니, 대중교통망을 이용하든 자동차를 이용하든, 계획을 적절히 세우는 것이 좋다. 캐나다에서는 속도 제한 표지판을 비롯하여 모든 곳에 미터법이 사용된다.

교통에 관한 정보는 웹사이트 www.travelcanada.ca에서 얻을 수 있다.

도심 여행

【 대중교통 】

자동차가 캐나다에서 가장 선호하는 교통수단이기는 하지만, 모든 도시에는 합리적이고 효율적인 대중교통 체계가 갖춰져

토론토 킹 스트리트의 전차

있다. 운행 시간표, 요금, 운행 방식 등은 지역마다 다르고, 이런 정보는 현지에서 얻거나 인터넷으로 찾아볼 수 있다. 가장 흔한 대중교통은 버스이지만, 일부 도시에는 전차, 페리, 지하철, 기차 등도 운행하며 모두 깨끗하고 안전하다.

어느 유형의 대중교통을 이용하든 간에 탈 때 승차권을 구매할 수 있으며, 다른 대중교통에도 사용할 수 있는 경우가 많다. 따라서 버스와 전차나 지하철을 함께 이용할 수 있다. 또한 일회 승차권, 다회 승차권, 정기권처럼 다양한 유형의 승차

브리티시컬럼비아주 빅토리아 이너하버의 수상 택시

권을 각 역이나 지정 판매점(보통 신문 가판대)에서 살 수 있다. 한 번 승차권을 구매할 때는 잔돈을 넉넉하게 챙기는 것이 좋다. 잔돈을 거슬러 주지 않기 때문이다.

토론토에서는 지하철역에서 승차권, 토큰, 각종 패스권을 더 는 사용할 수 없다. 승객은 선불 카드인 프레스토PRESTO를 쓰 거나, 정확한 금액을 내고 버스에서 승차권을 구매해야 한다. 모든 지하철역 입구에는 요금 자판기가 있다. 퀘벡주에는 프레 스토처럼 쓸 수 있는 오푸스OPUS라는 카드가 있다.

【 운전 】

캐나다는 미국에 이어 두 번째로 1인당 자동차 보유 수가 많은 국가이다. 그러나 이렇게 도로를 달리는 자동차가 많아도 교통사고는 비교적 적다. 이는 캐나다가 예방에 특히 치중하기 때문이기도 하다. 교통량 규제가 심하게 이루어지고 교통 법규도 엄격하게 시행된다. 일반적으로 캐나다 도로에서 운전하는 건 상당히 쉽지만, 알아두면 유용한 캐나다만의 특징이 있다.

캐나다 도로에서는 무단횡단(건널목이 아닌 곳에서 길을 건너는 행위)을 하더라도 보행자에게 우선권이 있다. 보행자가 도로에 있으면 속도를 줄일 것이 아니라 아예 멈춰야 한다! 그렇지 않으면 엄청난 벌금을 내야 한다(그리고 캐나다인 운전자라면 운전면허 점수가 깎인다). 크고 노란색인 데다 명확하게 통학버스라고 명시된 차량이 비상등을 깜빡이면 도로 양쪽의 차량은 모두 멈춰야 한다. 이는 길을 건너 마구 달려올 수도 있는 어린이를 보호하기 위함이다.

겨울에는 다른 따뜻한 나라에서보다 훨씬 빠르게 캐나다 도로에 팬 곳이 생겨 어려움을 준다. 이런 도로의 보수는 눈이 없는 여름에만 이루어지기 때문에, 제설 차량이나 도로 보수 작업으로 종종 도로가 폐쇄된다. 대부분 캐나다 도시(퀘벡시 같

• 기본 교통 법규 •

- 운전은 도로의 오른쪽으로 한다(한국과 같음-옮긴이).

- 전 좌석(뒷좌석 포함) 안전띠 착용이 의무이다.

- 대부분 주와 준주에서는 낮에도 차량 전조등을 켜야 한다.

- 퀘벡주(특히 몬트리올섬)를 제외한 모든 주에서는 적신호일 때 완전히 멈췄다가 안전하다고 판단되면 우회전을 하는 것이 합법이다. 그러나 '적신호에 우회전 금지' 표지판이 있는 경우는 예외이다.

- 브리티시컬럼비아주에서 청신호가 천천히 깜빡이면 움직여도 된다는 의미이지만, 보행자가 길을 건너려고 버튼을 누르면 이 신호가 바뀔 수 있다.

- 온타리오주와 퀘벡주에서 청신호가 빠르게 깜빡이면 맞은편에서 오는 차량이 적신호에 멈추어 있으므로 좌회전해도 된다는 의미이다.

- 속도 제한 표지판은 미터법(킬로미터)으로 표시된다.

- 음주 운전은 캐나다에서 엄중하게 다루어진다. 대부분 주와 준주에서 혈중 알코올 농도 제한은 0.08%이다.

은 구도심은 예외)는 격자 구조로 설계되어 길을 찾기 상당히 쉽다. 단, 일방통행 체계로 목적지까지 가는 데 필요한 것보다 더 우회해야 할 수 있다.

도시의 교차로 대부분은 정지 표지판, 양보 표지판, 신호등 등으로 보호된다. (특히 정지 표지판의 경우 다른 사람이 보이지 않더라도 실제로 정지해야 한다. 속도만 아주 늦춰 통과하는 것을 롤링 스톱rolling stop이라고 하는데, 경찰에 적발되면 범칙금을 내야 한다.) 유럽인이라면 이런 조치가 과하다고 생각할 수 있겠지만, 이것이 바로 캐나다의 도로 법규이다.

• 추울 때 시동 걸기! •

캐나다 자동차에는 겨울에 자동차를 야외에 주차했을 때 엔진 오일이 어는 것을 방지하기 위한 엔진 히터가 장착되어 있다. 제설 차량은 도로의 눈을 인도로 밀어놓는다. 그러면 인도에 주차한 차량은 단단히 다져진 눈 속에 파묻히게 되어 차량을 꺼내려면 삽으로 눈을 파내야 한다. 또한 제설 작업으로 진입로가 막히므로 이때도 삽으로 눈을 치워야 한다. 그래서 아침에 나갈 때는 삽으로 제설 작업을 하고 자동차를 덥히고 창문의 성에를 제거할 시간을 미리 계획해야 한다. 그리고 밤새 영하의 기온에 노출된 타이어의 표면이 평평해질 수 있음에 유의해야 한다. 타이어 내부 공기가 데워질 때까지 평소보다 천천히 운전해야 한다.

토론토 도심에서 대기 중인 택시

　　모든 캐나다 운전자 중에서도 몬트리올의 운전자가 빠르고
공격적인 운전으로 악명이 높다. 또한 퀘벡주에서는 대부분
도로 표지판이 프랑스어로 되어있다.

　　캐나다 관광객과 방문객(미국인 제외)은 자동차를 빌리려면
미리 자국에서 국제운전면허증을 발급받아 오는 것이 좋다.

【 택시 】

대부분 도시에서는 많은 택시가 운행 중이며 요금도 그리 비싸지 않다. 거리, 택시 센터 또는 호텔이나 기차역 같은 장소의 외부 정거장 등에서 택시를 잡을 수 있다. 택시 요금은 차량 내부에 표시되지만, 통행료(요금소가 그렇게 많지는 않다)나 심야 또는 일요일 할증 요금 등 추가 요금을 내야 할 수 있다. 훌륭하고 친절한 서비스에 대하여 요금의 10% 정도를 팁으로 주는 것이 관례이다.

또한 차량 승차 앱도 많이 사용하는데, 우버Uber와 리프트Lyft 두 회사가 주요 사업자이다. 게다가 우버 이츠는 주문 음식을 배달하는 서비스를 제공하고, 리프트는 차량 예약, 자유롭게 쓸 수 있는 전기 스쿠터와 자전거 공유 시스템을 제공한다.

전국 여행

좋은 소식은 캐나다의 한 도시에서 다른 도시로 이동할 방법이 많다는 것이다. 어떤 교통수단을 이용하느냐는 이동에 얼마나 많은 시간을 할애할 것인가, 얼마의 비용을 들일 것인가에 따라 달라진다.

【 시간대 】

캐나다 전국을 여행할 때 가장 먼저 유의해야 할 점은 캐나다에 6개의 시간대가 있다는 사실이다. 시간대는 1시간씩 차이나며, 뉴펀들랜드주의 경우 다른 지역보다 시간이 30분 앞서 있다.

모든 캐나다인이 아침은 퀘벡시에서, 점심은 토론토에서, 저녁은 밴쿠버에서 먹으려던 유럽인에 관한 웃긴 일화(다양하게 변형된 이야기가 있음)를 알고 있다. 대부분 사람이 캐나다가 큰 나라라는 사실을 알지만, 한 곳에서 다른 곳으로 이동할 때 얼마나 시간이 오래 걸리는지를 알면 여전히 놀란다. 어떤 경우, 이런 거리감에 익숙해지기 위해 사고방식 전체를 바꿔야 할 수도 있다.

또한 캐나다 대부분 지역에서 3월 두 번째 일요일이 되면 시곗바늘을 1시간 앞으로 당겨 서머타임에 들어간다는 점도 알아두어야 한다. 11월 첫 번째 일요일이 되면 시곗바늘을 표준시에 맞게 정상으로 돌린다. 이렇게 시곗바늘을 앞뒤로 움직이는 것을 기억하기 쉽게 하려고 '가을엔 뒤로, 봄엔 앞으로'라는 말이 생겼다. 단, 서스캐처원주를 비롯한 일부 지역에서는 서머타임을 적용하지 않는다.

브리티시컬럼비아주 빅토리아에서 시작해 캐나다를 횡단하여
뉴펀들랜드주 세인트존스에 이르는 캐나다 횡단 고속도로는
세계 최장 고속도로 중 하나로 길이가 7,821킬로미터이다. 도
시 간 고속도로는 보통 좋은 상태로 유지된다. 도심 지역에 가
까운 경우 차선이 늘어나지만, 대체로 1개 차선이 길게 뻗어

부르오산을 배경으로 한 밴프의 캐나다 횡단 고속도로

있으며 추월을 허용하기 위한 차선이 때때로 추가된다. 대부분 고속도로에서 속도는 시속 100킬로미터로 제한된다. 온타리오주는 2022년 봄에 퀸엘리자베스웨이 고속도로를 포함하여 400번대 고속도로의 속도 제한을 시속 110킬로미터로 높였다. 웨더 네트워크는 웹사이트(www.theweathernetwork.ca)에 도로 상황을 계속 업데이트하며, TV와 라디오로도 방송한다.

캐나다 횡단 고속도로에 야생동물용으로 설치된 생태 통로

【 버스 】

대중교통을 이용하여 캐나다를 횡단하는 가장 저렴한 방법은 장거리 버스이다. 버스 노선은 철도 노선보다 더 광범위하고, 기차보다 더 자주 운행한다.

승차권은 버스에서 살 수 없고, 승차권 판매소나 버스 터미널에서 구매해야 한다. 2대 장거리 버스 회사는 그레이하운드(보통 토론토에서 서쪽으로 운행)와 보야저 콜로니얼(그레이하운드 자회사로 동쪽 방면으로 향하는 모든 노선 운행)이다. 캐나다에서 약 한 세기 동안 영업했던 그레이하운드 노선은 2021년 5월을 기해 캐나다에서 모든 버스 서비스를 종료했다. 이는 버스 노선 시대가 저물었음을 보여준다. 그 이후로는 VIA 레일 캐나다(www.busbud.com 참조)와 2022년 4월에 캐나다 시장에 진출한 독일의 플릭스버스가 버스 서비스를 제공하고 있다. 지역에서만 운행하는 버스 회사로는 캐나다버스, 메가버스, 라이더 익스프레스가 있다.

대부분 버스는 편안하고 냉난방이 되며 화장실이 있고, 좌석을 뒤로 젖힐 수 있다(그렇다고 비행기의 비즈니스 좌석처럼 젖혀지진 않는다). 그리고 독서 조명도 있다. 버스 이동 시간을 조금 더 안락하게 보내려면 식음료를 가지고 탈 수 있다. 버스는 정기적으로 잠깐 터미널에 정차하는데, 여기서 식당과 화장실을 이용할 수도 있다. 특정 고속버스는 도시 간 운행 시 무정차로 운행한다.

【 카풀 】

운전자가 돈을 받지만 않으면 캐나다에서 카풀은 합법이다. 그레이하운드가 캐나다에서 철수한 이후, 전국 여행 시 카풀의 인기가 점점 높아지고 있다. 팝어라이드^{Poparide}라는 플랫폼을 사용하면 카풀 차량을 찾고 운전자, 동승자와 이동 경비를 나눌 수 있다. 운전자와 탑승자 모두 프로필, 이메일 주소, 전화번호, 신용카드와 은행 계좌를 인증하기 때문에 안전하고 저렴하다. 휴대전화 앱도 사용하기 쉬워서 이 플랫폼에는 운전자나 탑승자로 등록한 사람이 거의 100만 명에 이른다.

【 기차 】

철도도 노선이 광범위하다. 전체 철로 길이가 세계 최대 규모인 5만 킬로미터에 달한다. 그러나 자동차, 훨씬 속도가 빠른 비행기, 훨씬 저렴한 장거리 버스에 밀려 인기가 예전만 못하다. 오늘날에는 주로 화물 운송에 사용되지만, 여전히 많은 승객이 토론토, 오타와, 몬트리올 사이 등 특정 노선을 많이 이용한다. 기차 요금이 비행기 요금보다 더 싸지는 않지만, 기차만의 풍경, 안락함, 훌륭한 서비스를 제공한다.

여객용 철도 서비스는 주로 VIA 레일에서 운행하며, 1개월간 지정된 날짜 수만큼 사용할 수 있는 특별 패스도 있다. 이전만큼 자주 운행하지는 않지만, 토론토에서 밴쿠버까지 3일 동안 대륙을 횡단하는 캐내디언The Canadian 같은 장거리 열차에는 특별 수면실과 식당 칸이 있다. 또 다른 기차 여행 팁은 밴쿠버에서 재스퍼와 밴프를 경유하여 캘거리까지 가는 로키 마운티너를 타고 이틀 동안 여행하는 것이다.

【 비행기 】

캐나다 국내선은 타기 어려울 정도로 비쌌다. 저가 항공사가 생기고 나서는 요금이 많이 떨어졌지만, 유럽과 미국의 저렴한 시티 호퍼보다는 여전히 비싸다.

캐나다의 주요 국적 항공사는 에어캐나다이고, 에어 트랜셋(몬트리올 소재), 에어 노스(유콘준주 소재), 웨스트제트(앨버타주 캘거리 소재) 등 소규모 항공사가 있다. 포터 항공은 토론토 빌리 비숍 공항에서 캐나다와 미국의 여러 도시 및 카리브해 노선을 운항한다. 캐나다 항공 여행은 안전하고 깨끗하며, 신속하고 효율적으로 목적지에 가는 방법이다.

건강과 안전

캐나다는 대체로 깨끗하고 안전한 나라이다. 세계 어디에서나 그렇듯이 상식을 활용하면 된다. 밤길을 혼자 걷는다면 조명이 잘 들어오고 사람이 많이 오가는 지역에서 머무는 것이 좋다. 소지품은 항상 간수를 잘하고, 지갑, 휴대전화, 귀중품이 소매치기당하지 않도록 안전하게 보관한다. 도시의 어떤 지역에 대해 잘 모르겠으면 현지인에게 물어보면 된다. 대도시에는 으레 가지 않는 편이 더 나은 곳이 있기 마련이다.

캐나다에 방문했다가 몸이 아플 경우, 예약 없이도 갈 수 있는 클리닉이 있다. 다만 의사에게 진료받으려면 어느 정도 대기해야 할 것이다. 보험이 없는 사람에게는 캐나다 의료비가 비싸므로, 캐나다로 떠나기 전에 여행자 보험을 드는 것이 좋다. 클리닉 방문객은 의사 진료 전에 보험 정보에 관한 질문을 받게 될 것이다. 클리닉은 수준이 높으며 1차 병원으로서 안심

할 수 있는 서비스를 제공한다. 의학적인 응급 상황이라면 모든 병원의 응급실로 가면 된다.

캐나다에서 특히 위험한 요소는 극심한 한파이다. 겨울에 캐나다를 방문하려면 추위에 대비한 옷차림이 필수이다. 교통수단, 주택, 사무실, 상점 내부는 난방이 잘되지만, 야외에 나

• 여름철 건강 관리 팁: 벌레 퇴치하기 •

- 7월에는 자연공원을 피한다.
- 벌레 퇴치 또는 가려움 방지 크림과 스프레이를 챙기고, 살충제 사용을 받아들인다.
- 항상 밝은색, 경량의 긴소매 셔츠와 긴바지를 챙기고 해가 지기 시작할 때 입는다. 이 시간대는 트렌디한 반소매, 반바지를 입을 때가 아니다.
- 방충망이 어깨까지 덮는 모자를 산다.
- 텐트와 시골집 문에 이중 메시로 된 방충망을 설치하고 항상 닫아둔다(모든 캐나다 주택의 문과 창문에 이런 방충망을 설치하는 데는 다 이유가 있다).
- 여행을 떠나기 전에 www.theweathernetwork.com 웹사이트에서 날씨 정보와 도시별 벌레 보고서를 확인한다.

갈 때는 옷을 잘 갖춰 입어야 캐나다에 머무는 동안 더 쾌적하게 지낼 수 있다. 호텔에서 머물 계획이라면 날씨 상황이 어떤지, 무엇을 주의해야 할지를 직원들이 알려줄 것이다. 겨울에 자동차로 여행한다면 차가 고장 날 것을 대비하여 담요와 양초를 챙기는 것이 좋다. 자동차가 고장 나면 보닛과 트렁크

• 겨울철 건강 관리 팁: 따뜻하게 감싸기 •

- 귀 덮는 모자를 쓴다.
- 목, 입, 필요하면 귀까지 덮을 수 있는 긴 목도리를 한다.
- 장갑이나 손모아장갑(훨씬 따뜻함)을 끼는 것이 좋다.
- 겨울용으로 만들어진 따뜻한 코트를 챙긴다.
- (안감이 있고 방수 처리된) 겨울용 부츠나 고무 덧신이 필요할 수 있다.
- 겨울에는 상황이 변하면 벗을 수 있도록 옷을 여러 겹 겹쳐 입는 것이 좋다. 실내에서 땀을 흘리다가 추운 바깥으로 나가면 감기 걸리기 좋다. 양모가 가장 따뜻한 소재이므로, 여성의 경우 패셔너블하게 양모 스웨터와 양모 스타킹을 착용하는 것이 좋다. 캐나다에서는 얇은 발열 내의도 살 수 있는데, 이는 보온과 건조에 매우 좋다.

모두를 열어두고 비상등을 켜는 것이 관례이다. 그러면 지나가던 차량 운전자가 도움을 요청해 줄 것이다. 휴대전화가 있다면 즉시 도움을 요청(비상 상황 시 전국에서 911을 누르면 되지만, 도로에 해당 지역의 교통 신고 번호가 표시되어 있을 수도 있다)하고, 겨울에는 차 안에 머무른다. 양초가 체온을 따뜻하게 유지해 줄 것이다.

08

비즈니스 현황

캐나다는 전 세계에서 가장 비즈니스하기 좋은 국가 중 하나로 알려졌다. 정부 정책과 행정이 대체로 비즈니스를 지원하는 방향이고, 독립적이고 신뢰할 수 있는 사법 시스템이 있으며, 금융 구조도 안정적이고 효율적이다. 캐나다 경제는 무역에 크게 의존하기 때문에, 외국계 기업과 비즈니스하는 것이 흔할뿐더러 적극적으로 이를 추구한다. 게다가 캐나다의 매우 다양한 노동인구와 문화 포용 정책은 쾌적하고 협력적인 환경을 조성한다.

다년간 캐나다는 전 세계에서 가장 비즈니스하기 좋은 국가 중 하나로 알려졌다. 정부 정책과 행정이 대체로 비즈니스를 지원하는 방향이고, 독립적이고 신뢰할 수 있는 사법 시스템이 있으며, 금융 구조도 안정적이고 효율적이다. 2022 이코노미스트 인텔리전스 유닛에서 캐나다는 82개국 중 글로벌 비즈니스 환경이 좋은 국가 2위를 차지했다. 이는 G7 국가 중에서는 가장 높은 순위였다.

비즈니스 목적의 방문객은 캐나다에서 열렬히 환영받는다. 캐나다 경제는 무역에 크게 의존하기 때문에, 외국계 기업과 비즈니스하는 것이 흔할뿐더러 적극적으로 이를 추구한다. 게다가 캐나다의 매우 다양한 노동인구와 문화 포용 정책은 쾌적하고 협력적인 환경을 조성한다.

문화적으로 보면 캐나다에서의 비즈니스는 다른 서구 산업 국가, 특히 미국과 영국에서 비즈니스하는 것과 비슷하다. 그러나 앞서 살펴보았듯이, 주의해야 할 캐나다만의 방식이 있다. 먼저 여기서 살펴볼 것은, 그들을 미국인 같다고 여기거나, 미국인같이 대우하거나, 미국인 같을 것이라고 생각하는 것을 캐나다인이 싫어한다는 점이다. 또한, 이제부터 이야기할 내용은 일반적인 가이드라인으로, 캐나다 경제 부문, 지역 및 주에 따른 엄청난 다양성이나 기업 간의 문화적 다양성을 모두 반영하지는 못한다는 점에 유의하면서 보면 좋다.

직업의식

캐나다인은 근면하다. 이는 개인이 성공하는 유일한 방법이 자기 능력을 최대한 활용하는 것이라는 능력주의를 중시하는 문화가 널리 퍼졌기 때문일 수 있다. 비즈니스 문화에서 편파성은 존재하지 않는다. 사회적 배경, 성별, 문화와 관계없이 모든 사람에게 공평하게 기회가 주어져야 한다는 믿음이 근본적으로 깔려있기 때문이다. 부패 수준도 상당히 낮은데, 이는 부패 관련 법규와 규제가 있기 때문이기도 하지만, 캐나다인이 '옳은 일을 하는 것'을 철저히 지키려는 성미를 지녔기 때문이기도 하다.

직업의식은 여러 가지 외부적인 요소로 강화된다. 캐나다에서는 노동 시간이 길고, 공휴일이 별로 없으며, 고용 안정성도 거의 없다. 현재 환경에서 캐나다 경제가 경쟁력을 유지하기 위해서는 노동인구가 회사에서 더 많은 시간을 보내야 한다는 압박이 커지고 있다. 보통 주중 근무 시간은 오전 9시에서 오후 5시이다. 그렇지만 이 시간은 부문과 기업 또는 조직의 유형에 따라 달라진다. 상업 및 서비스 부문의 경우, 캐나다의 많은 지역에서 일요일도 영업일로 지정한다. 행정 직원은 자기 계약서에 있는 근로 시간을 지키는 편이지만, 전문직이나 관리직은 그보다 더 많은 시간을 일하는 것이 보통이다.

근로 조건을 살펴보면, 캐나다인에게 주어지는 유급 휴가는 1년에 평균 12일이다. 10년 동안 같은 회사에서 근무한 후에야 유럽 평균인 4주 정도 쉴 수 있다. 게다가 유럽 기준과 비교하면, 캐나다 민간 부문의 고용 안정성은 현격히 떨어진다. 정부 관련 직종에서 일하는 전체 10%의 노동인구는 민간 부문 종사자와 비교하여 조건이 조금 더 낫다.

노사 관계와 법제도

노사 관계와 고용 관련 법은 연방과 주 정부 차원으로 나뉜다. 연방 당국에서는 통신, 방송, 은행, 교통 등 주를 넘나드는 경제 부문을 담당한다. 그 외에 제조, 서비스 산업, 보건의료 및 교육 등은 모두 주 차원에서 관리한다. 캐나다 노동인구의 30%는 노동조합에 가입되어 있다. 퀘벡주는 다른 주보다 노동조합 가입률이 높다. 대부분 단체 협상은 산업이나 지역 단위가 아니라 노동조합과 고용주 사이에서 이루어진다. 캐나다에는 '업무 중단 지연'이라는 특이한 규칙이 있다. 이는 파업을 시행하기 전에 필요한 단계(예: 조합원 투표)를 밟을 것을 요구하는 것이다. 그러면 업무 중단을 막기 위한 일종의 냉각기를 양측이 갖게 된다. 그리고 실제로 95%의 단체 협상이 노동쟁의 행위 없이 이루어진다.

프로페셔널리즘

일을 열심히 해야 함에도 불구하고 캐나다 노동인구의 직업 만족도는 대체로 높은 편이다. 문화적으로 캐나다인은 자기가 할 수 있는 한 업무를 잘하고, 자기가 거둔 성과에 자부심을 느낀다. 그렇다고 업무 환경이 완벽하다거나 모두가 행복하다는 말은 아니다. 다만, 캐나다인은 비교적 근면할 뿐만 아니라 근면하게 일하기를 좋아한다는 것이다. 일과 삶의 균형을 건강하게 유지하기란 쉽지 않지만, 그나마 있는 여유 시간을 가족과 친구에 할애함으로써 균형을 유지하는 것으로 보인다.

캐나다 노동인구는 교육 수준이 높고 잘 훈련되어 있다. 이는 기술 훈련 기관과 전문대학에서 가르치는 과목과 학생을 노동 시장에 맞춰서 어떻게 준비시켜야 하는지에 관해 비즈니스 부문이 많은 영향을 미치기 때문이다. 또한, 이민 정책은 노동력 부족을 메우기 위한 목적으로 수립된다.

여성은 모든 차원의 비즈니스와 정부에서 존중받는다. 그렇지만 모든 장벽과 성차별적 태도가 사라진 것은 아니다. 여성은 전체 노동인구의 54.4%를 차지하며, 관리직의 47.3%가 여성이다. 매우 보수적인 국가에서 온 방문객이라면 이사회에서 여성을 만날 준비를 해야 한다. 여성 비즈니스 여행객이라면 캐나다에서 존중받고 진지하게 받아들여질 것으로 생각하면 된다.

직장 문화

캐나다인은 권위를 존중하고, 이런 태도가 직장에도 반영된다. 캐나다 비즈니스 문화에서 위계는 개인적 성취로 달성하는 것이며, 따라서 상급자에 대한 존중이 요구된다. 그러나 캐나다 직장은 대체로 수평적인 편이다. 퀘벡주에서도 퀘벡인은 프랑스의 프랑스인보다 덜 예의를 차리고 덜 위계적이다. 캐나다 전국적으로 관리자는 솔선수범을 보여야 한다고 여겨진다. 그리고 명령조보다는 솔직하고 팀을 중시하며, 의사소통을 잘하는 리더십 스타일을 선호한다. 의사결정 과정은 대체로 비슷하다. 상호 책임과 투명성이 중요하고, 협력과 전문적 책임을 존중하는 것도 필요하다. 의사결정은 직감보다는 사실과 지식에 따라 이루어진다.

직장에서의 캐나다인은 보통 보수적인 것으로 알려져 있다. 이는 2장에서 살펴본 것처럼 겸손과 겸양을 중시하는 태도를 반영한다. 시끄럽고 거만하거나 공격적인 의사소통 스타일은 지양하는 것이 좋다. 출근 복장과 관련해서는 최신 패션이나 유행을 따른 옷차림은 피해야 한다. 캐나다에서 옷과 스타일은 위계의 표현이 아니다. 부문, 기업 유형, 조직의 특별한 스타일 등에 따라 적절하게 입으면 된다. 예를 들어 공장주라면 청바지를 입고 셔츠 소매를 걷어붙인 모습일 것이다. 여기서 중요한 것은 깔끔함과 의복의 적합성이다. 방문객이라면 방문 첫

날에 과하다 싶을 정도로 차려입는 편이 너무 캐주얼하게 입는 것보다 낫다. 도시에 있는 기업 대부분에서는 어두운색의 비즈니스 정장이 남성(넥타이 착용)과 여성(치마나 슬랙스) 모두에게 안전한 옷차림이다.

마지막 팁으로, 캐나다인의 후각은 예민한 편이다. 사무실에서는 대부분 금연해야 할 것이다. 일반적으로 향수도 거의 뿌리지 않지만, 약한 향수나 애프터셰이브를 쓴다면 미묘하게 향이 날 정도로만 가볍게 뿌려야 한다.

미팅

첫인상은 매우 중요하다. 언제나 사전에, 가능하면 사나흘 전에 미팅 일정을 정하되, 가능하면 이보다 더 미리 일정을 알려주는 것이 좋다. 서신과 전화 통화는 간결하고 정중해야 한다. 시간 약속을 잘 지키는 것도 매우 중요하다. 늦게 도착하게 된다면, 늦는다고 미리 연락하지 않는 이상 캐나다인은 15분 이상 기다리지 않을 것이다. 비즈니스 세계에서 늦는 일은 무례로 여겨지며, 특히 라틴계 특유의 유연한 시간관념을 가진 퀘벡주에서도 그렇다.

남성과 여성 모두 비즈니스 미팅 시작과 종료 시에 악수를 하게 된다. 남성이라면 여성에게 악수를 먼저 청하기보다 여성이 먼저 손을 내밀기를 기다리는 것이 좋다. 캐나다에서는 눈맞춤을 중요시한다. 친근함, 개방성, 신뢰를 표시하는 행위이기 때문이다. 영어권 캐나다인은 보디랭귀지를 잘 안 쓰는 편이다. 또한 신체 접촉도 안 하고 논의 중 일정한 거리를 유지한다. 그런데 프랑스어권의 캐나다인은 신체적으로 표현을 더 많이 하고 신체적인 거리를 덜 두는 편이다.

비즈니스 미팅에서는 호칭(미스터, 미세스 또는 닥터 등)을 사용하는 편이 좋다. 퀘벡주에서는 상대방이 편하게 'tu'('당신'의 친근한 표현-옮긴이)를 쓰라고 하기 전까지는 정중한 표현인 'vous'('당신' 즉 영어로 'you'에 해당)를 사용하면 된다. 이름으로 불러주길 원하는 경우라면 상대방이 먼저 이름으로 불러달라고 말할 것이다. 다른 나라보다 비즈니스 환경이 더 느긋해 보일 수 있지만, 지나치게 정중해서 실수하는 편이 무례하다고 여겨지는 것보다 훨씬 낫다.

그리고 의사소통 시 프랑스어나 영어 중 어느 언어가 편한지 미리 물어보면 좋다. 퀘벡주에서도 비즈니스 세계에서는 영어로 소통할 수 있지만, 서로 오해를 방지하기 위해 미리 물어보는 것이 중요하다. 캐나다 어디서든 프랑스어와 연관이 있는 기업이라면 명함, 홍보 자료, 프레젠테이션 등 모든 인쇄 자료를 프랑스어로 준비하는 것도 좋다. 일견 불필요한 비용을 추가하는 것처럼 보일 수 있지만, 상대방은 그런 노력에 진심으로 감사할 것이다. 또한 미팅을 시작할 때 프랑스어로 몇 마디 건넨다면 호감도가 높아져서 훨씬 편안한 분위기에서 미팅을 시작할 수 있을 것이다.

미팅 시 좌석 배치는 격식을 따로 차리지 않을 수 있지만, 참석자 중 가장 직위가 높은 사람은 예외로 챙겨야 한다. 비즈니스 절차는 빠르게 시작된다. 미팅은 협력적인 분위기에서 진행되는데, 결정권자가 그 기업을 대표해 의사결정을 하게 된다. 그리고 논의가 시작되면 참석자 전원이 각자의 관점과 전문성을 갖고 논의에 참여할 수 있다.

프레젠테이션

캐나다의 호스트는 방문객이 준비를 잘해 오고, 충분한 지식을 갖추며, 비즈니스를 할 준비가 되어있기를 바란다. 미팅의 목적과 기간 등이 포함된 의제는 미리 결정되어야 하며, 이에 따라 미팅이 진행되어야 한다. 업무와 관련 없는 논의는 최소화한다. 프레젠테이션이든 협상이든 정보 공유든, 캐나다인은 그냥 보기 좋은 쇼에는 전혀 감명받지 않는다. 오히려 구체적인 데이터와 세부 정보로 발표 내용을 뒷받침하는 사람을 존중한다. 그리고 과장보다는 솔직담백하고 현실적인 프레젠테이션 스타일을 더 높게 평가할 것이다. 또한 여러분이 경청을 잘하고 접근 방식에서 유연한 모습을 보이기를 바랄 것이다.

협상

캐나다인은 가장 합리적이고 예의 바른 협상 상대로 정평이 나있다. 목표 지향적이고 최종 결과를 추구하지만, 모든 협상 참가자가 모두 승리하는 방식으로 결과를 내려 한다. '공격적인 설득' 방식이나 '현란하게 공세를 벌이는' 태도로 거래 성사를 추진하는 것을 별로 좋아하지 않는다.

캐나다인은 계약서와 변호사를 신뢰한다. 모든 거래는 공명 정대하고 합법적이다. 그러나 사람도 신뢰한다. 그렇기에 좋은 관계를 맺는 것이 중요하다. 상호 존중이 좋은 거래의 바탕이 되지만, 그렇다고 편파적인 특혜로 이어지는 건 아니다. 캐나다인은 존중과 협력에 바탕을 둔 굳건한 업무 파트너 관계를 중시한다. 조직을 강조하고 세부 사항에 주의를 기울이기 때문에, 캐나다인의 협상 스타일은 신중해 보인다. 그리고 개방적이고 협력적인 태도로 협상 과정에서 서두르지 않는 듯한 인상을 준다. 캐나다인은 협상에서 자신감이 넘치고 직접적이며, 주의 깊게 경청하는 기술을 중시한다.

협상은 직접적인 행동 계획을 세우는 것으로 끝나고, 거래는 음주나 식사로 마무리된다.

계약

캐나다에서의 계약은 캐나다 법원에서 구속력을 인정한다. 이런 계약은 모든 주와 준주에서 관습법과 규정에 따라 이행되지만, 퀘벡주에서는 (프랑스 민법 체계에 바탕을 둔) 민법이 적용된다. 이는 북미에서도 독특한 체계이다. 모든 계약에 적용되는 이런 법규는 주/준주별로 다르며, 계약 사항에서 부인할 수 없고 법적 구속력이 있는 규칙을 다룬다. 예를 들어, 노동법에서는 인권, 산업 안전보건, 근로자 보상, 개인 정보 규정 등을 다룬다. 계약 협상 시, 해당 주의 구체적인 법령을 잘 아는 현지 변호사를 활용하는 것이 좋다.

계약에 대한 캐나다인의 태도는 미국인과 비슷하다. 계약서 지면에 가능한 한 거래의 많은 측면을 포함하려 한다. 계약이 체결되면 캐나다 측에서 선의로 해당 계약 사항을 잘 이행할 것임을 믿어 의심치 않아도 된다.

비즈니스 오찬

비즈니스 오찬이 점점 인기를 끌고 있지만, 캐나다인은 전통적으로 식사 중에 협상이나 진지한 비즈니스 논의를 하지 않는다. 식사 시간은 편하게 서로를 알아가는 시간이다. 매우 친절하게 대하기는 하지만, 그렇다고 잘 모르는 사람과 개인적인 정보를 나누지는 않을 것이다. 오찬 시간은 1시간 반을 넘지 않을 것이며, 영어권 캐나다인이라면 식사 중에 주류를 주문하지 않을 가능성이 크다. 반면, 퀘벡인은 식사 중에 와인을 주문할 것이다.

선물

캐나다인 비즈니스 파트너에게 거래가 성사된 다음 선물을 건네면 매우 좋아할 것이다. 민간 부문 종사자라면 와인 한 병 정도의 작은 선물은 받을 수 있다. 방문객이 어느 나라에서 왔는지를 보여주는 선물을 준비하면 가장 좋다. 선물 포장은 받는 즉시 풀어보며, 선물을 준 사람에게 감사를 표할 것이다. 상당한 금액의 선물이나 현금을 주는 행위는 절대 해서는 안 된다. 회사의 직원은 어떤 선물을 받든 고용주에게 이를 보고할 의무가 있으며, 어떤 기업은 이렇게 받은 선물을 다 모아두었다가 연말에 다른 직원과 함께 나누기도 한다.

09

의사소통

캐나다식 영어는 미국 영어와 대체로 비슷하지만 영국 제도의 영향이 강하게 남아있다. 또한 프랑스어와 토착어의 영향도 받았다. 이민자 집단이나 지리적, 지역적 사회 현실의 영향을 받아 주/준주별로 쓰는 표현도 있다.

언어적 특징

캐나다 영어는 미국 북부 주들의 영어와 매우 비슷하다. 그러나 관용 표현까지 같을 것으로 생각해서는 안 된다. 몇 가지 차이를 살펴보자.

【 "밖이 춥네요, 에이?" 】

캐나다 외의 다른 곳에서 캐나다인은 사람들이 종종 갈비뼈 부근을 팔꿈치로 쿡쿡 찌르며 "오, 캐나다인이시라고요, 에이?"('eh'를 '에이'라고 발음하며 끝을 살짝 올려준다)라고 말하는 걸 듣는다. 그런데 정작 이 말을 듣는 캐나다인은 'eh'라는 말을 한 번도 써본 적이 없을 가능성이 크다. 그렇지만 이 표현은 캐나다인에 관한 고정관념으로 가장 잘 알려져 있다. 이 표현은 1970년대와 1980년대에 릭 모라니스와 데이브 토머스가 노래(「그레이트 화이트 노스」), TV 코미디극, 영화(「이상한 조합Strange Brew」)에서 매켄지 형제를 연기하면서 유명해졌다. 두 사람은 두껍고 촌스러운 면 셔츠를 입고 양모로 된 털모자(캐나다에서 니트 모자나 비니를 의미)를 쓰고 나와 'eh'라는 표현을 많이 썼다.

물론, 일부 캐나다 지역에서 'eh'를 많이 쓰는 경향이 있을 수도 있다. 그렇지만 사실, 이 표현은 평서문을 질문으로 바꿔 준다는 점에서 상당히 재미있다. "밖이 춥네요, 에이?"라던가 "쇼가 참 형편없었네요, 에이?"라고 하는 식이다. 이 표현은 정중하게 다른 사람의 의견을 구하기 위해 쓰는 것일까, 아니면 자기 의견을 표현할 때 두려움을 반영한 것일까? 또는 그저 대화를 촉진하기 위한 것일까? 해석은 자유이지만, 영어를 쓰는 캐나다인은 대체로 질문할 때 이 표현을 쓴다.

["오, 미안합니다. 미안해요!"]

또 하나의 특이한 점은 영국에서처럼 "Sorry."라는 말을 자주 한다는 것이다. 앞서서 누군가에게 발을 밟혔을 때, (발을 잘못된 곳에 두어서) 미안하다고 말한다는 것을 살펴보았다. 여기서 미안하다는 말은 "아이고, 여기가 많이 붐비네요."와 같은 의미이다. 또한, "미안해요, 잘 못 들었어요."의 의미로 "Pardon me."라고 하거나, "죄송해요. 결례를 무릅쓰고 옆을 지나갈 수밖에 없네요."의 의미로 "Excuse me."라고 말한다. "발을 밟아서 미안해요."처럼 사과의 의미도 있지만, "뭐라고요!? I beg your pardon"라는 놀람과 공포를 표현하기도 한다. 그리고 억양과 표정이 더해지면 다양한 감정을 미묘하게 표현할 수 있어 유용하다.

어휘

캐나다식 영어는 미국 영어와 대체로 비슷하지만 영국 제도의 영향이 강하게 남아있다. 또한 프랑스어('테이블 냅킨'보다 '세르비에트serviette'라고 함)와 토착어['카약'은 이누이트어이고, 많은 앨곤퀸 단어가 영어로 편입되었다. '무스', '스컹크', '칩멍크'(북미 얼룩다람쥐 – 옮긴이), '라쿤', '스쿼시', '모카신', '우드척'(마멋 – 옮긴이), '터보건' 등이 대표적]의 영향도 받았다. 이민자 집단이나 지리적, 지역적 사회 현실의 영향을 받아 주/준주별로 쓰는 표현도 있다. 이를 대표적으로 보여주는 것이 휴가 기간에 사용하는 시골집을 부르는 단어의 다양성이다. 캐나다 서부에서는 캐빈cabin, 중부와 동부에서는 코티지

몇 가지 캐나다 영어
앨로폰(Allophone): 모국어가 프랑스어나 영어가 아닌 캐나다인
캐넉(Canuck): 캐나다인을 이르는 말로, 밴쿠버 하키팀의 이름이기도 함
루니(Loonie): 아비(외로운 느낌을 주는 울음소리의 새)가 그려진 1 캐나다 달러 동전
파케이드(Parkade): 캐나다 서부에서 대체로 주차장을 의미
투니(Toonie): 2 캐나다 달러 동전
스키두(Skidoo): 스노모빌
듀플렉스(Duplex): 한 지붕 아래 2개의 주택
휴멍거스(Humongous): 매우 거대한

cottage, 퀘벡주의 영어를 쓰는 인구는 샬레chalet, 뉴브런즈윅주에서는 캠프camp라고 부른다.

발음의 경우, 'ou'처럼 몇 가지 특이 사항이 있다. 예를 들어, 'about'은 '어바웃'보다는 '어붓aboot'처럼 발음할 때가 있다. 그렇지만 영어를 모국어로 쓰는 사람이든 그렇지 않은 사람이든 캐나다 영어는 대체로 이해하기 쉽다.

캐나다 영어에서는 영국식과 미국식 철자법을 혼용한다. 영국식 영어의 일부 철자법은 프랑스어에서 유래한 것이므로, 이를 선호하는 것도 당연하다. 캐나다의 이중언어 정체성을 문학적으로 지원하는 셈이다. 그렇지만 이렇게 철자법을 혼용하는 것과 관련해서 이유를 제공하는 공식 철자법 웹사이트나 사전은 없다. 철자법 선호도는 캐나다인의 "난 미국인이 아니다."라는 정체성에서 오는 것일 수도 있다. 역사, 감정, 문화 등 그 유래가 무엇이든 간에 'colour'와 'neighbour'처럼 'u'를 쓰고, 'centre'와 'theatre'처럼 're'를 쓴다. 또한 편의에 따라 똑같은 단어여도 두 가지 철자법으로 구분하여 쓴다. 예를 들면, 수표를 말할 때는 'cheque'라고 쓰고, 확인 표시(√)나 '확인하다'는 의미로 쓸 때는 'check'라고 표기한다. 잘 모르겠으면 캐나다 사전을 참고하자!

【 캐나다식 프랑스어 】

캐나다식 프랑스어는 표준 영국 영어가 텍사스 영어와 다른 것처럼 프랑스에서 쓰는 프랑스어와 다르다. 강조점이 정반대일 뿐만 아니라 어휘도 다르게 사용한다. 퀘벡인의 프랑스어는

16세기와 17세기 프랑스어에 바탕을 둔다. 게다가 토착어와 최근 들어서는 영어의 영향도 받았다. 프랑스어에는 사람들이 사는 지형과 그들의 역사를 시각적으로 표현하는 생생한 어휘가 많다. 예를 들어, 프랑스에서는 어떤 사람의 문제가 끝나지 않았음을 표현할 때 "Il n'est pas sorti de l'auberge."(그는 아직 여관에서 빠져나오지 못했다)라고 말한다. 퀘벡주에서는 이를 "Il n'est pas sorti du bois."(그는 아직 숲에서 빠져나오지 못했다)라고 표현한다. 이 표현은 캐나다에서는 숙소에서 밖으로 나오는 길을 찾기 어려운 것보다 숲에서 길을 잃을 확률이 더 높다는 점을 반영한다.

프랑스에서는 더 이상 쓰이지 않지만, 퀘벡주에서는 여전히 쓰이는 오래된 표현과 단어도 있다. 퀘벡주에서 문을 잠근다고 말할 때 'barrer une porte'(문을 막다)라고 하는데, 안에서 문을 잠그기 위해 커다란 나무 막대를 끼우던 시절을 떠올리게 하는 표현이다. 프랑스에서는 현대상을 더 반영한 표현으로 '열쇠로 잠근다'는 의미의 'fermer à clef'를 쓴다.

한편, 영어에서 유래한 단어인데 프랑스에서는 영어 그대로 받아들인 반면, 퀘벡주에서는 '프랑스화'한 경우도 있다. 흔들의자는 퀘벡주에서 'chaise berçante'(흔들거리는 의자)라고 쓰는데 프랑스에서는 'rocking'이라고 한다. 퍼즐은 퀘벡주에서 'casse-tête'(머리 아프게 하는 것)인데 프랑스에서는 'puzzle'이다. 또한 퀘벡주에서는 영어 단어밖에 없는 최근 발명품 이름을 프랑스식으로 만들었다. 프랑스에서는 영어 단어인 'émail'(이메일)을 쓰는 반면, 퀘벡주에서는 'courrier electronique'(전자 메일)를 의미하는 'courriel'이라는 단어를 만들었다.

그런가 하면 프랑스어가 따로 있음에도 퀘벡주에서는 영어를 받아들인 예도 있다. 'charier'는 '옮기다carry'에서 왔고, '서두르다rush'는 의미의 동사는 'rusher'이다. 그리고 '땅콩버터'는 말 그대로 'beurre de pinottes'라고 한다.

많은 세월 동안 퀘벡주에서 쓰는 프랑스어는 하급 방언으

영어를 사용하는 방문객이 알아두면 좋은 프랑스어 단어	
Dépanneur	작은 상점
Metro	지하철
Autoroute	고속도로
Liqueur	탄산음료(예: 콜라)
Arrêt	정지 표지판
Guichet automatic	ATM 기기
Condo	콘도미니엄

로 여겨졌다. 오늘날 퀘벡주에서 사용하는 프랑스어는 다채롭고 표현력이 풍부한 방언으로 국내외에서 받아들여지고 있다. 국제 프랑코포니(프랑스어를 사용하는 국가로 구성된 국제 기구-옮긴이)에서 퀘벡주의 적극적인 활동과 프랑스에서 인기 있는 퀘벡주 출신 아티스트 덕분에 일부 퀘벡식 프랑스어 단어와 표현은 주류 프랑스어에 편입되고 있기도 하다.

언론

캐나다를 한 국가로 결속하는 요소 중 하나가 언론이다. 다양한 지역의 사람들이 서로 소통하고, 캐나다인의 관점을 공유하며, 문화적 유대를 다질 수 있다. 이런 측면에서 TV와 라디오의 영향력은 무시할 수 없다. 캐나다의 언론 네트워크는 상당히 현대적이다. 신문, TV 방송 네트워크, 인터넷 연결망은 잘 발달했고 매우 효율적이다.

【 신문 】

캐나다에는 「글로브 앤드 메일」, 「내셔널 포스트」라는 두 가지의 전국 일간지가 있고, 각 주요 도시에 1~2개의 지역 일간지가 있다. 또한 「프레스」, 「드브아」 등 프랑스어로 된 신문도 있다. 그러나 요즘 신문사 소유권이 집중되는 현상에 큰 우려가 제기되고 있다. 2022년 기준 76개 신문사가 대기업 소유이고, 이 중 절반 가까이가 포스트미디어 네트워크 Inc./선 미디어 산하에 있다. 소유 규모가 두 번째로 큰 토르스타 미디어는 7개의 신문사를 소유했다. 독립적인 신문사는 6곳이었다. 이에 따라 캐나다 신문의 다양한 관점이 소실될 것과 민주주의에서

언론이 사회적인 비판을 제공할 능력이 저하될 것을 우려하는 목소리가 높아졌다.

언론사 소유와 관련한 법제도는 유럽 국가에 비해 많이 뒤처졌다. 이는 언론 산업에서도 주장하듯이, 언론 시장이 작은 캐나다에서 언론사 소유가 집중되지

않으면 캐나다 언론사가 살아남을 수 없기 때문이기도 하다. 일부 도시에는 독립적인 신문사가 있지만, 최근 보고에 따르면 서스캐처원주, 뉴브런즈윅주, 프린스 에드워드 아일랜드주, 뉴펀들랜드 앤드 래브라도주의 집중도가 극단적으로 높은 것으로 나타났다. 게다가 언론 대기업의 예산 삭감 때문에 언론인이 양질의 심층 보도 기사를 내기가 점점 어려워지고 있다.

캐나다 최대 온라인 뉴스 사이트는 www.thestar.com이다. 국가 관련 뉴스부터 전국 및 지역 뉴스까지 보도한다.

자국의 뉴스를 놓치고 싶지 않은 외국인 방문객이라면 주요 도심지의 일부 판매점에서 국제 신문을 구할 수 있다.

[TV와 라디오]

캐나다인은 TV와 라디오 프로그램을 열광적으로 소비한다. 프로그램 편성의 가장 큰 이슈는 캐나다가 미국 시장과 가까워서 막대한 양의 미국산 콘텐츠가 캐나다 가정에 방영된다는 점이다. 역대 캐나다 정부는 캐나다산 콘텐츠 제작을 지원하지 않으면 미국산 프로그램과 경쟁할 수 없고, 결국 캐나다 콘텐츠 산업이 위축되리라는 점을 알고 있었다. 그래서 캐나다 문화의 표현과 소비를 보장하기 위해, 정부는 세 가지 조치를 시행했다.

우선, 정부 소유의 방송사에서는 상당한 양의 캐나다산 콘텐츠를 방송하여 캐나다 문화의 표현을 지원한다. 캐나다방송협회[CBC]와 캐나다라디오TV협회[SRC]는 하루에 방송하는 캐나다 콘텐츠가 60%이고, 황금 시간대에는 90%이다.

법과 규제에서도 캐나다 방송 사업자가 방영해야 하는 캐나다 콘텐츠의 최소한도를 규정한다. TV의 경우 보통 일일 편성표의 60%를 캐나다 콘텐츠로 채워야 하며, 황금 시간대에는 50%여야 한다.

연방 및 주 정부에서도 캐나다산 콘텐츠 제작을 장려하기 위해 각종 기금, 보조금, 대출, 세제 혜택 등을 제공한다.

TV 사업자의 경우, 케이블과 위성 방송사 등 TV 방송망이 여러 개 있다. 그중에서 전국적인 방송망은 CBC와 SRC, 캐나다텔레비전네트워크[CTV], Global TV 등 네 군데가 있다. 또한 40여 개 지역 방송망, 주 정부가 지원하는 방송망, 지역 방송사 및 상업 방송망이 있다. 일반적으로 방송망 서비스에서 많은 미국 방송 채널을 시청할 수 있다.

캐나다에서는 TV 사업자 허가가 없기 때문에, 방송망(심지어 국영 방송사도)별로 광고 수입을 위해 경쟁해야 한다. 따라서 캐나다 TV에서 나오는 광고의 수는 미국과 비슷할 정도여서, 유럽에서 온 시청자라면 매우 불편할 수 있다. 캐나다산 콘텐츠 대다수는 인기 미국 쇼와 경쟁해야 하고, 일부 캐나다 시트콤은 미국 시트콤을 모방하기도 한다. 그러나 캐나다인이 전국적으로 즐기는 인기 쇼도 있다. 퀘벡주에서는 방대한 프랑스어 콘텐츠를 제작하고 있으며, 이곳에서 방영하는 다양하고 활발한 예술 및 엔터테인먼트 콘텐츠는 캐나다 콘텐츠의 대부분을 차지한다. 나머지는 프랑스 프로그램과 미국, 유럽 프로그램의 번역 방송이 차지한다.

미국과 캐나다 TV 및 라디오의 가장 큰 차이는 바로 방송이 프랑스어와 영어로 이루어진다는 점이다. CBC는 BBC의 모범을 따라 국내외 이야기를 담은 양질의 프로그램을 제작한다.

TV와 비디오 표준은 미국처럼 NTSC이다. 외국에서 산

유용한 캐나다 국내외 뉴스 웹사이트

www.theweathernetwork.com
캐나다에서 날씨 정보를 전문으로 제공하는 영어 채널이다.

www.globalnews.ca
캐나다 Global TV의 뉴스 및 시사 부문 웹사이트이다.

www.cbc.ca
캐나다방송협회의 영문 온라인 서비스를 제공한다. 1996년에 도입되었다.

TV가 캐나다에서는 작동하지 않을 수 있고, 캐나다에서 산 비디오가 다른 곳에서는 재생이 안 될 수 있다.

서비스

〔우편〕

캐나다 우편 서비스는 신뢰성이 높지만, 빠르지는 않다. 유럽 기준에서 보면 매우 느리다. 국내에서 우편을 보낼 때 더 빠르게 보낼 수 있지만, 비용이 더 많이 든다. 우선우편Priority Post은 다음 날 배달, 특급우편Xpresspost은 이틀 이내 배달을 보장한다. 캐나다 우체국에서 전국 우편 서비스를 제공하지만, 소규모 민간 우편 기업과 성업 중인 민간 택배사도 있다. 민간 기업의 경우 이용료가 훨씬 비싸지만, 빠르게 보내야 할 때는 훨씬 실용적이다.

우체국은 보통 월요일부터 금요일까지 오전 10시에 문을 열고 오후 5시에 닫는다. 그러나 실제 운영 시간은 지역마다 크게 다르다. 어떤 곳은 점심시간에 문을 닫기도 하고, 어떤 곳은 토요일에 몇 시간 정도 문을 연다. 도시에 있는 우체국은

그라피티 방지 디자인이 된 빨간색 캐나다 우체통

시골보다 운영 시간이 더 길다.

【 전화와 인터넷 】

캐나다인은 전화를 매우 많이 사용한다. 거의 모든 사람이 한 대 이상의 유선전화를 보유하고 있는데, 월정액 요금인 데다 국내 통화료는 무료이기 때문이다. 2022년 기준 캐나다 스마트폰 사용자 수는 인구의 85%(3230만 명)에 달한다. 그렇지만 서비스 요금은 비교적 비싸다. 휴대전화를 사용할 때 주의할 사항이 있다. 일부 시골 지역에서는 서비스가 전혀 되지 않을 수 있고, 일부 통신사에서는 전국 서비스를 제공하지 않는 경우가 있다. 또한 주파수 대역폭이 달라 외국산 휴대전화는 캐나다에서 작동하지 않을 수 있다. 지금은 휴대전화 기업과 모바일 통신 사업자가 훨씬 많아져서 서로 경쟁한다. 요금제는 다양하며, 특히 국제전화 요금에서 차이가 크게 난다. 따라서 왓츠앱, 메신저, 퐁고Fongo 같은 앱이 매우 유용하다.

인터넷 접속과 활용도 많이 하는 편이다. 최소 70%의 모든 성인이 일상적으로 온라인을 이용한다. 팩스는 의사와 약사들 사이에서 여전히 활용되기는 하지만, 이제 기업과 개인 통신에서는 이메일이 대세가 되었다.

결론

캐나다 문화에 관해 알아야 할 내용이 있다면 무엇일까? 캐나다는 평화롭고 모든 것이 좋다. 사람들도 친절하고 솔직하며, 이해하기 쉽고, 매우 예의 바르다.

이 책에서는 캐나다 문화가 캐나다에 관한 고정관념보다 훨씬 복합적이라는 점을 보여준다. 캐나다인은 이중언어를 구사하지 않고, 다양한 언어를 구사하는 사람이 많다는 고정관념은 말이 되지 않는다는 것을 확인했다. 캐나다인은 서구 산업 국가의 사람들보다 특별히 친환경적이지 않다. 캐나다인의 생활 방식이 환경에 미치는 영향은 국토 면적이 상당히 크기 때문에 희석되었을 뿐이다.

방문객이 저지르는 가장 큰 문화적 실수는 바로 캐나다인이 미국인과 같을 것이라고 보는 것이다. 캐나다의 역사, 국제적 위상, 문화, 이미지는 '미국인이 아니다'라는 데서 기인한다. 캐나다는 강대국은 아니지만, 절제와 분별이 있는 국가로 국제 사회에서 존중받는다. 캐나다인은 하나의 민족 정체성으로 단결되지는 않지만, 캐나다는 독특한 문화 정체성이 모자이크처럼 모인 나라다. 캐나다인은 캐나다의 국제적 명성을 자랑스러워하지만, 국가보다는 주나 동네에 더 깊은 애정을 느낀다.

이 책은 캐나다인이 스스로 바라보는 캐나다인의 모습을 담고자 했다. 예를 들어, 퀘벡인은 영어권 독자에게 자기 관점을 보여줄 기회가 거의 없다. 또한 이 책을 통해 그동안 많은 사람이 미국인이라고 여겼던 유명한 배우와 뮤지션이 사실은 캐나다인이라는 점도 알게 되었을 것이다. 캐나다는 유행에 밝고 진취적이며 진보적인 국가로, 다문화주의와 진보적인 교육 체계 등 여러 사회 개발의 선두 주자로 자리매김하고 있다.

방문객이 보기에 캐나다인은 친절하며 사귀기 쉽다. 세계에서 비즈니스를 함께 하기에 가장 합리적인 사람이며, 여가를 즐길 때 함께 하면 즐거운 사람이다. 여러분의 캐나다 여행이 즐겁기를 바란다. "Bon Voyage!"(프랑스어로 여행 잘 다녀오라는 말-옮긴이).

유용한 앱

【 의사소통 】
iTranslate
퀘벡주에 가는데 프랑스어를 잘 못한다면, 이 앱으로 문자, 음성, 이미지를 번역할 수 있다.

캐나다인은 SNS를 상당히 많이 사용한다. 인기 있는 순으로 나열하면 **페이스북, 틱톡, 트위터, 인스타그램, 레딧**이다.

【 여행 및 교통 】
AllTrails
10만 개의 하이킹 경로와 산악자전거 경로가 제공되는 이 앱을 활용하면 캐나다 전국에 있는 공원의 새로운 둘레길을 찾기 쉽다.
blogTO
토론토에서 벌어지는 이벤트 목록, 음식점 후기, 뉴스와 시사 정보 등을 볼 수 있다.
Flush
접근성 정보와 함께 화장실 위치를 알려주는 앱이다.
Gasbuddy
근처의 가장 저렴한 주유소를 찾을 수 있다.
구글 지도(Google Maps)
여행을 계획하고 대중교통 운행 시간표를 볼 수 있다.
호텔스닷컴(Hotels.com)
원하는 장소, 가격대, 숙박 기간 등의 조건으로 검색하여 숙박 시설을 예약할 수 있다.
Lyft
밴쿠버와 여러 온타리오주 도시에서 차량과 택시 호출, 전기 스쿠터, 공유 자전거 사용 예약 등이 가능하다.

Roadtrippers(캐나다)

강력한 여행 계획 앱으로, 보존이 잘된 비경, 길가 명소, 국립공원, 모험적인 여행객을 위한 깜짝 놀랄 만한 장소 등이 잘 갖춰져 있다.

Transit

경로, 운행 시간표, 경로 추적 등 실시간 대중교통 정보를 얻을 수 있다.

우버(Uber)

전국 어느 도시에서든 차량을 호출할 수 있다.

【 식료품 및 쇼핑 】

Amazon.ca는 캐나다에서 가장 인기 있는 온라인 쇼핑 플랫폼으로, 그 뒤를 **Walmart.ca**와 **Well.ca**가 잇는다.

DoorDash

음식 배달 앱으로, 월간 구독 시 배달료를 무료로 해준다.

Foupon Groupon

음식점에서 스파, 쇼핑, 여행에 이르기까지 다양한 딜이 제공되는 캐나다에서 가장 인기 있는 딜 앱이다.

GrubHub

온타리오주에서 인기 있는 음식 배달 앱이다.

SkipTheDishes

지역 음식점 주문 배달 서비스를 제공하며, 캐나다 최대 규모이다.

Tim Hortons

캐나다에서 가장 인기 있는 커피 체인점의 식음료를 주문하여 배달시킬 수 있다.

우버 이츠(UberEats)

지역 양조장을 포함하여 여러 지역 음식점에서 음식을 배달시킬 수 있다. 캐나다 전국 대도시 대부분에서 사용할 수 있다.

유용한 웹사이트

canada.gc.ca
캐나다 정부 메인 포털

canada.ca/en/canadian-heritage.html
캐나다 헤리티지 공식 웹사이트

1000towns.ca
캐나다 여러 도시의 매력을 알아보고 여행을 계획할 수 있는 웹사이트

thecanadaguide.com
캐나다 역사, 사회, 문화에 관한 자료를 제공하는 웹사이트

moving2canada.com
이름만 봐도 알 수 있듯 캐나다 이주에 관한 모든 정보를 제공하는 웹사이트

jobbank.gc.ca/findajob
캐나다에서 취업하고 싶다면 꼭 확인해야 할 웹사이트

cbc.ca
캐나다 뉴스와 정세를 알 수 있는 웹사이트

statcan.gc.ca
캐나다 통계청의 멀티미디어 웹사이트

참고문헌

Adams, Michael. *Fire and Ice: The United States, Canada and the Myth of Converging Values*. Toronto: Penguin Canada, 2009 (paperback).

Bédard, Éric. *L'histoire du Québec pour les nuls*. Paris: First Éditions, 2019.

Brown, Jesse et al. *The Canadaland Guide to Canada*. New York: Touchstone, 2017.

Casselman, Bill. *Casselmania: More Wacky Canadian Words and Sayings*. Toronto: McArthur and Company, 1999.

Chartier, Daniel. *Le guide de la culture au Québec: Litérature, cinéma, essays, revues*. Quebec City: Éditions Nota bene, 2004.

Coupland, Douglas. *Souvenir of Canada*. Madeira Park, BC: Douglas and McIntyre (2013) Ltd.

Doughty, Howard A., and Marino Tuzi (eds.). *Discourse and Community: Multidisciplinary Studies of Canadian Culture*. Toronto: Guernica Editions, 2007.

Esrock, Robin. *The Great Canadian Bucket List*. Toronto: Dundurn Press, 2nd ed. 2017.

Field, Luke Gordon and Alex Huntley. *The Beaverton Presents Glorious and/or Free: The True History of Canada*. Toronto: Penguin Canada, 2017.

Ferguson, Will, and Ian Ferguson. *How to be a Canadian*. Vancouver: Douglas & McIntyre, 2008.

Grescoe, Taras. *Sacré Blues: An Unsentimental Journey through Quebec*. Toronto: MacFarlane Walter & Ross, 2001: Westminster, Maryland, USA: McClelland & Stewart Ltd., 2001.

Hayday, Matthew and Raymond B. Blake, eds. *Celebrating Canada, Volume 1: Holidays, National Days, and the Crafting of Identities*. Toronto: University of

Toronto Press, 2016.

Heath, Joseph. *The Efficient Society: Why Canada is as Close to Utopia as it Gets*. Toronto: Penguin Global, paperback 2005.

King, Thomas. *The Incovenient Indians: A Curious Account of Native People in North America*. Toronto: Doubleday Canada, 2012; Minneapolis: University of Minnesota Press 2018.

Riendeau, Roger E. *A Brief History of Canada*. Markham, Ontario: Fitzhenry & Whiteside, 2000; NY: Facts on File, 2007.

지은이

다이앤 르미유

퀘벡의 외교관 가정에서 태어나 세 살 때 처음 해외로 이주했다. 그동안 5개 대륙 11개국에서 생활했으며, 그 과정에서 4개의 언어를 습득했고, 2개의 여권을 발급받았으며, 여러 개의 문화 정체성을 갖게 되었다. 오타와대학교에서 커뮤니케이션 학사 학위를, 리즈대학교에서 개발학 석사 학위를 받았으며, 암스테르담대학교에서 국제관계학 준석사 과정을 수료했고, 바스대학교에서 언론학 학위를 받았다. 국제 개발 분야에서 커리어를 시작했지만, 20여 년 전부터 자신이 열정적으로 추구하는 작가의 길을 걷고 있다. 현재까지 『움직이는 삶: 어디로든 떠나는 새로운 방법』(국내 미발간)과 『세계 문화 여행: 나이지리아』(국내 미발간)를 비롯하여 4권의 책을 저술했다.

줄리아나 츠베트코바

학자이자 문화 간 지능 교육자이다. 불가리아에서 태어나 자랐으며, 소피아대학교에서 고전·현대철학 석사 학위를 받았다. 졸업 후 통역, 번역, 연구직을 거쳤으며, 불가리아 공영 방송에서 일하기도 했다. 1998년에 가족과 함께 캐나다로 이주했으며, 센테니얼대학 커뮤니케이션 학부에 합류했다. 20년 넘게 전 세계를 돌아다니며 센테니얼대학을 위한 일을 진행했고, 두바이에서 문화 간 교육을 시작했다. 현재는 교육과 문화 간 학문에 관한 전문 지식을 글로 풀어내고 있다. 여러 백과사전의 편찬에 참여한 적이 있으며, 『유럽의 대중 문화』(국내 미발간)와 『세계 문화 여행: 불가리아』(국내 미발간)를 저술했다.

옮긴이

심태은

경희대학교 관광학부 호텔경영 전공 졸업 후 한국외국어대학교 통번역대학원 한영과를 졸업하였다. 다년간 통번역가로 활동하였으며, 현재 번역에이전시 엔터스코리아에서 전문 번역가로 활동 중이다.

주요 역서로는 『세계 문화 여행: 벨기에』, 『세계 문화 여행: 체코』, 『읽자마자 IT 전문가가 되는 네트워크 교과서』, 『UX 라이터의 글쓰기 수업: 고객 경험을 위한 마이크로카피 라이팅』, 『공감의 디자인: 사랑받는 제품을 만드는 공감 사용법』, 『구글은 어떻게 디자인하는가: 인클루시브 디자인 이야기』, 『동물 자세 요가』(출간 예정) 등이 있다.

세계 문화 여행 시리즈

세계의 풍습과 문화가 궁금한
이들을 위한 **필수 안내서**